日本語動詞述語の構造

丹羽一彌

笠間書院

目　次

はじめに ・・・・・・・・・・・・・・ 2
第1章　文法の考え方 ・・・・・・・・・ 5
第2章　動詞述語と陳述 ・・・・・・・・ 27
第3章　命題の範囲とその構造 ・・・・・ 41
第4章　動詞の活用 ・・・・・・・・・・ 59
第5章　アスペクトと判断 ・・・・・・・ 81
第6章　否定表現と判断 ・・・・・・・・102
第7章　判断を構成する要素 ・・・・・・119
第8章　終助詞類の分類 ・・・・・・・・131
第9章　働きかけという職能 ・・・・・・145
第10章　丁寧表現と丁寧語 ・・・・・・・162
第11章　まとめと補足 ・・・・・・・・・179

あとがき ・・・・・・・・・・・・・・191
引用・参考文献 ・・・・・・・・・・・192
要語索引 ・・・・・・・・・・・・・・195

日本語動詞述語の構造

はじめに

　日本語の研究といえば、一般には標準語が対象であり、方言は別扱いになっている。講座ものでは、音韻や文法などとは別に「方言」という巻や章の設けられている場合が多い。『国語年鑑』などの文献目録でも同様である。これでは方言の音韻や文法の研究は日本語の音韻や文法とは別の分野ということになってしまう。標準語は日本語の中の一変種にすぎないし、しかも特徴的な変種である。そのような言語だけを対象としていては、日本語という言語の本質的なところを捉えることはできない。

　本書の目的は、日本語の動詞述語を記述するためのモデルを作成すること、すなわち諸方言をも含めた日本語の動詞述語を一つのモデルで説明することである。そのために、標準語に見られない事象については方言の例を取り入れた。厳密な意味では均質的な一言語の体系的記述とは言えない部分もあるが、方言を含めることによって、日本語全体を広く説明できる枠組みの構築に努めた。

　学生時代に習った共時的な研究方法は、音韻論から始まる形式重視の記述言語学であった。その後いろいろな言語学が提唱され、今では記述言語学など過去の遺物であると思っている人も居るようだ。しかし形式に対するその考え方が無効になったわけではない。未知の方言を調査する機会があるたびに、基本的な単位や処理方法などは記述言語学の方法だけが頼りであるという確信を持つ。また学生指導の現場で第一に理解してもらいたいことは、抽象化とその体系という音韻論や形態論の考え方である。いろいろな考え方で言語を見るのは、その基本を習得した後のことである。本書では、意味の分かっている標準語についても、未知の方言と同様に、形式重視の記述的方法によって述べることにする。

　本書では「陳述」などという国文法の伝統的な用語を用いているが、国文法の分野の基礎的修業をした経験がないので、山田文法や時枝文法などには触れなかった。引用した文献の選択や評価はすべて我流である。しかし考え方はそれほど我流ではない。言語の記述はその言語に内在する論理

によって言語事象を体系化することであるという立場、また文法は職能に関する規則であり、意味の世界とは別のものであるという立場は、記述言語学の基本に従ったものであると思う。

　凡例に替えて付け加える。学校文法や言語学の用語で利用できるものはできるだけ利用する。特に説明なしで使用する用語は、学校文法や言語学の常識に従っている。また表記は、仮名書きで済ませられるところは仮名書きにするが、必要に応じて音素表記する。ただし音素表記を表す / / は省略する。なお「標準語」という用語を使う場合は、規範的な言語の構造について述べるのであって、全国あるいは地域の共通語など、生活の場で使用される具体的な言語のことではない。

第1章　文法の考え方

　日本語の文法として出ているものは、古典語や現代標準語を対象としたものが多く、現代の諸方言まで考慮したものは少ない。これらは、規範として提示するか、意味の分かっている言語事象を整理したものであって、あるがままの言語を記述する場合や、小地域の方言などを記述する場合のモデルとするには問題が多い。標準語だけを資料とするのは、教育などを含む言語政策上からは当然かもしれないが、記述モデルとしてみると、極めて偏ったことである。

　この章では、全体の概説を含め、本書の考え方、文法的単位や用語などについて述べる。特に意味と職能の区別、文法範疇という概念について筆者の考え方を述べておきたい。

1　記述文法の単位

　記述文法の考え方で言えば、文法とは、資料として存在する文の構造を形式で説明することである。逆に言えば、文を組み立てるとき、形式面で話し手を拘束する規則である。形式とは、「所記」と「能記」の結合した言語記号、及びその連続体のことを言う。従ってある言語資料に向かったときの記述文法の範囲は次のように整理される。

　　1　文法的単位としての形式の確定
　　2　その形式の現れ方の規則化

文法的単位とは、文を構成する枠組みの枠と、そこに現れる文の部分品として分割された形式の姿を確定することである。形式の現れ方とは、文構

成の設計図の中にそのような基本的形式の配置される規則、日本語の資料に適用して言えば、文構成の枠組みに沿って現れる形式の順序を明らかにすることである。

　動詞についての形態論的な問題は活用に関することである。活用とは動詞が文中で果たす役割や前後関係で姿を変えることである。こうして姿を変えたそれぞれが活用形であり、その一覧表が活用表である。活用と活用表については、諸説を検討しながら第4章で述べるので、ここでは五段活用動詞を例にして、動詞を構成する形式の単位と、それらを確定する考え方について述べるだけにする。

　意味を持つ最小の形式は「形態素」であるから、各形式は、1個の形態素または形態素の連続体として捉えることができる。動詞の活用に形態素という用語を用いれば、活用とは、動詞を構成する形態素が他の形態素と交替することと言い換えることができる。そこで問題は、形態素の形を確定することである。

　学校文法で、動詞「書く」は次のように活用する。それぞれが活用形とされる。

　　　　　未然　連用　終止　連体　仮定　命令
　　書く　カ　　キ　　ク　　ク　　ケ　　ケ

この活用形の共通する部分「カ」が語幹、後部分のカ・キ・クなどが活用語尾である。この考え方でいけば、語幹カや語尾のカ・キ・クなどが最小の単位であるから、それらが形態素に当たる。学校文法の活用はこの考え方で通しているし、漢字と仮名で表記する場合はこの分割法によるのは当然である。文法として矛盾があるわけではない。しかしこの方法では、「貸す」「刈る」などの語幹もカであり、カという語幹だけでは意味の区別ができない。このカは、意味を区別する最小の単位という、形態素の条件を満たしていないことになる。

　これは、記述の基本に戻って、音素表記をすれば解決できる。学校文法に合わせて活用させると、表1-1のようになる。

表 1-1

	未然	連用	終止	連体	仮定	命令
書く	kak-a	kak-i	kak-u	kak-u	kak-e	kak-e
貸す	kas-a	kas-i	kas-u	kas-u	kas-e	kas-e
刈る	kar-a	kar-i	kar-u	kar-u	kar-e	kar-e

この分割法によれば、語幹 kak-、kas-、kar- で意味の区別ができるし、残りを語尾とすれば、全ての動詞で語尾が -a、-i、-u、-e と共通になり、ともに1形式1意味という形態素の原則に合う。このような形態素、kak-、kas-、-a、-i、-u、-e などが連続して活用形が構成される。

また「書ける」「書かせる」などの形式を分割すると、学校文法では、カケ＋ル、カカ＋セルである。このセルは未然形に接続する使役の助動詞とされ、セ・セ・セル・セル・セレ・セロと活用する。これを形態素に分割すると

　　カ＋カ＋セ＋ル　（動詞語幹＋未然形語尾＋助動詞＋終止形語尾）

である。このそれぞれが形態素として意味を持つ単位であることは分かりにくい。また全体の構造は、動詞の活用形に助動詞が接続し、さらにその助動詞が活用するという複雑なことになる。

これも上のような音素表記にして、共通部分を形態素とすれば、単純な動詞 kak-u や das-u の形態素の切れ目に -e-（可能）や -ase-（使役）という形態素が現れていることが分かる。

　　書く　　kak-u　　kak-e-ru　　kak-ase-ru
　　出す　　das-u　　das-e-ru　　das-ase-ru

この全体 kake-、kakase- を2個の形態素（語幹と接辞）で構成された下一段活用の動詞語幹と解釈すれば、可能動詞カケルも助動詞の接続したカセルも形態素という文法的単位の連続体として、形式の順序も「語幹＋接辞＋語尾」という構成として、統一的に説明できる。このように別の形態素が付加されてできた新しい動詞を「派生動詞」とする。

学校文法と記述的な分割法とを比べると、文法的単位である個々の形態素の形も、全体の組み立ても異なっている。文法とは言語構造を説明するための基本的な考え方であるから、考え方の相違によって、その結果とし

ての文法体系は異なってくる。それぞれの体系の妥当性は、言語事象のどれだけ多くのことを簡潔且つ首尾一貫して説明できるかにかかっている。本書で採用する考え方は、原則として「記述的」な考え方であり、上の「形態素」「派生接辞」「派生動詞」などを使用する方である。

2 動詞述語の構造

　本書では、文構造全体ではなく、動詞述語という文成分だけを扱う。動詞述語とは、動詞が中心部分をなす形式で、主語について説明しながら文を終らせる文成分である。この範囲での文法は、動詞の活用などの形態論的な問題として語られることが多いが、本書では、述語全体及びその構成部分の持つ職能を重視し、構文論的な問題として述べる。

2.1　動詞の構造

　服部（1950）の用語に従えば、形態素のうち、「山・川」のように単独で使用できるものは「自由形式」であり、上の kak- や -ase- のように他の形式と結合しなければ使えないものは「付属形式」である。自由形式は「単語」であるが、それには「自立語」と「付属語」とがある。動詞の構造を論ずるのに問題となる単位は、付属形式と付属語である。その相違の詳細は服部（1950）を参照されたいが、大雑把に言えば、kak-ase-、das-ase- の -ase- のように、特定の役割の形式だけと結合する派生接辞などは付属形式（単語の一部）であり、山だヨ、行くヨ、行けヨ、速いヨのヨのように、いろいろな役割の形式に接続する形式は付属語（単語）である。格助詞や終助詞などは付属語であるが、動詞の語幹・派生接辞・語尾などは付属形式である。従って動詞の活用形は、上記の kak-ase-ru のように、付属形式の連続した構造である。

　上で可能と使役の「派生動詞」を見た。活用形の種類などは単純な動詞だけで扱える問題であるが、動詞述語には、こういう派生接辞のほかにも否定を表すナイなどいろいろな形式が接続する。それらについて、形式の確定とそれらの現れ方の順序を明らかにするのが動詞述語の文法である。これは動詞及びその連続体の形態の問題であると同時に、職能にも関って

いる。やや厳密さを欠くが、以下の例は仮名表記とする。

　　浦島太郎が亀を助ける。

における動詞述語タスケルの構造はタスケ＋ルである。太郎が別の人にそうさせれば、派生接辞サセを接続させてタスケ＋サセ＋ルとなるし、亀を主語にするならば、ラレを接続させてタスケ＋ラレ＋ルとなる。このように、文の意味に応じて、基本の形に必要な形式が付加される。

　動詞述語は文の意味に必要な種々の要素で構成されるが、次の２種は必ず現れる形式である。

　　a　動詞の辞書的意味を表す形式　タスケなど
　　b　文の終り方を示す形式　　　　ルなど

aの形式は、動詞述語の意味を表すためには当然であり、上の例でいうとタスケ、前の例ではkak-などである。bはルの部分である。これについては次章で述べるが、終止や命令などを表して文を終る部分である。このbの部分は必須の要素であるから、派生接辞が接続した形式においても必ず現れる。

　　叙述　　助け＋る　　助け＋させ＋る　　助け＋られ＋る
　　命令　　助け＋ろ　　助け＋させ＋ろ　　助け＋られ＋ろ

動詞述語において、このaとbの要素は必須の要素であり、他の派生接辞ラレなどは文に必要ならば現れるオプションの要素である。

　従って、動詞の構造とは、必須要素に付加される派生接辞の並び方のことである。

2.2　述語の構造

　必須要素とオプション要素からなる形式の連続を構文論的な職能から見ると、次のような構造で述語を構成している。

　　[[[命題]判断]態度]

これらの部分について簡単に述べておく。

　　亀は浦島太郎に助けられましたよ。

この文は、次のような意味の情報から成り立っている。

　　a　浦島太郎が亀を助ける事実がある。
　　b　亀が主語で受動になっている。

第1章　文法の考え方　　9

c　マスで丁寧に表現されている。
　　　d　タで過去のことと分かる。
　　　e　ヨで強調している。
　上の構造で[命題]部分は、話し手が聞き手に伝達しようとする事物や心情を客観的な事柄として表す部分である。上の例では「助ける＋れる」であり、厳密にはこの構造の辞書的意味を表す部分が該当する「助けられるコト」を表す部分である。この部分は述語の核となる動詞そのものと使役や受動などを表すいくつかの派生接辞などで構成される。
　二番目の[判断]は、その[命題]についての話し手の立場からの見方や評価など主観的な意味を表す部分である。上の例では、聞き手との関係を配慮して丁寧に表現すること、「助けられるコト」が過去のことだという記憶などで、「ます＋た」の部分である。
　三番目の[態度]は、そこまでの[[命題]判断]を文として表現するときの話し手の姿勢である。上の例では強調の終助詞「よ」の部分である。ただし[態度]の主なものは、上で見た文の終り方の形式、「助ける」のルや他の必須要素であるが、詳しくは該当するところで述べる。[態度]には、文の持ち出し方等、先行研究で陳述やモダリティなどとして扱われている形式が入る。この[態度]までで、伝達される情報についての部分は完成し、事実や心情の叙述であれば、ここまでで文が成立する。
　以上をまとめて動詞述語の各形式を上の構造に合わせて当てはめると次のようになる。
　　　　助けられましたよ　　　[[[助け＋られ＋]まし＋た＋]よ]
　上の例は事柄を客観的に叙述した文であるが、文には質問や命令などを聞き手に投げかけて、返事や同意、あるいは行動などの反応を要求するものもある。聞き手に働きかける文では、[働きかけ]の職能を持つ形式が接続するので、動詞述語は次のようになる。
　　　[[[命題]判断]態度][働きかけ]
標準語では[働きかけ]の適当な例が見られない。愛知県豊橋市海岸部の方言の文を例にしよう。1981年ころの高年層のことばである。
　　　ウシロイ　カアッタゾン　　（後に倒れたんですよ）
これは地震で家が裏の方に倒れたことを述べている文である。標準語にな

い形式の意味は次のようである。

  イ   格助詞「へ」に当たる。「に」の意味でも使われる。
  カアル 動詞「倒れる」こと。カールという長音ではない。
  ン   終助詞などに接続し、丁寧にする形式。

上のンが聞き手に働きかける役割を果たしている。述語部分を構造の枠組みに当てはめると下のようになる。

  カアッタゾン [[[カアッ]タ]ゾ][ン]

　話し手が働きかけるのは、特定の聞き手に対してである。これは対話の場面での人間関係を表したものであるから、待遇という面が出てくる。従って[働きかけ]を表す形式の意味は人間関係を含み、[態度]までの「渡される情報の中身」とは異なって、情報を渡すときの「渡し方」という別次元の意味を表している。文法で扱う形式といっても、伝えたい情報を文にするための形式と、出来上がった文の伝え方を表す形式とは、同一平面上で扱うのではなく、レベルを分けて扱うべきである。

3　意味と職能

　文法の対象となるのは、文構成に関する形式の職能であって、意味ではない。そこで次に、意味と職能とについて述べておきたい。
　意味は、音連続（能記）と結合して、言語記号を構成している「所記」である。それに対して職能とは、文を構成するために果たす役割である。ある形式が、

  [[[命題]判断]態度][働きかけ]

という構造の、どの位置でどのように文構成に関っているかという役割である。標準語など意味の分かる言語の構造を説明する場合には、形式の意味と職能を区別するのが難しいことがある。文法を意味で説明したり、意味を文法的な職能で説明したりして、区別されないことがある。意味の中には文法的意味といわれるものもあり、文の性質に関することもあるが、やはりそれも所記としての意味であって、役割としての職能ではない。

　例えば「人影が動く」と「動きが速い」の「動く」と「動き」の意味は共通する部分が大きい。しかし職能は全く異なる。「走る」などと同様に

述語を構成するものと、「落下」や「回転」などと同様に格成分になるものである。このような場合はまだ簡単であるが、問題は意味が外界の事物と対応していない形式である。

終助詞ゾの説明を辞書で見ると次のようになっている。これらは意味と職能の両方を含んだものと考えられる。

聞き手に対して自分の発言を強調する　『広辞苑』第五版
言いきかせたり強めて言い切ったりするのに用いる『日本語大辞典』

しかしゾの意味は「強く言い切る」ことで、職能は「成立した文を発する話し手の態度」である。「聞き手に対する」ことや「言いきかせる」は、個別の文脈に現れるもので、意味にも職能にも含まれていない。「頑張るゾ」では自分自身に向けた決意であるし、「殴るゾ」では聞き手に対する脅しであるが、これは動詞の意味によるのである。殴るか頑張るかが相手を必要とするかしないかであって、ゾの意味や職能には関係のないことである。ゾの文を文法的に聞き手に向けるためには、ゾに加えて上述の［働きかけ］の形式が必要なのである。

終助詞ゾやカの意味と職能は次のようである。

　　ゾ　意味　強調
　　　　職能　断定された形式に接続して［態度］を構成する。
　　カ　意味　疑問　判断保留
　　　　職能　断定のない形式に接続して［態度］を構成する。

これらは職能が異なるから、出現する条件も異なる。ゾは「書くゾ」「山だゾ」のように断定された文に接続するが、カは「書こうカ」「山カ」のように断定のない形式に接続する。

本書では最小の形式「形態素」の職能によって動詞述語を考える。上の派生接辞 -ase- や -are- を使役とか受動というのは、ある文脈で使われた場合の意味であって、職能には関係がない。kak-are-ru のそれぞれの形態素の意味と職能を大雑把に述べると、以下のようである。

　　kak-　　意味　書くこと
　　　　　　職能　［命題］を構成し、述語の核としての役割を果たす。
　　-are-　　意味　受動、行為の影響を受ける。
　　　　　　職能　［命題］を構成する下一段活用の派生動詞を作る。

-u～ru　意味　叙述
　　　　　　　職能　［態度］を構成し、文を成立させる。
　受動は接辞 -are- の意味である。日本語では、受動という概念は辞書項目である接辞によって表される意味であって、古典印欧語のように、受動態と能動態が対立していて、それを文法的手段で表現し分ける言語とは表現方法が異なる。ある概念を文法的手段で表現するか、語彙的手段（意味）で表現するかは、言語によって異なる。表現方法が異なれば、文法での扱われ方も異なってくる。

　以上のように、形式は、所記としての意味とは別に、役割としての職能を持っている。文法を考えるにはこの意味と職能とをはっきり区別する必要があり、文法は職能について述べるべきである。

　極端な立場で意味と職能とを区別すれば、構文論としての話が単純になる部分もある。モダリティ論で扱われる「～はずだ」「～わけだ」などの文が、「雨だ」と同じ構造の文に連体修飾成分の加わったものとして処理できるからである。「～はずだ」「～わけだ」などで表される判断は「はず」「わけ」という形式の辞書的意味である。従ってそれは文法ではなく、個々の形式か文の意味の問題である。

　このような形式に偏った考え方は半世紀以上昔のアメリカ構造言語学と同じであると批判されるだろうが、日本語のような言語（膠着語）の文法では意味と職能が混同される恐れがあること、未知の方言の記述には形から入らなければ整理できないなどの理由で、敢えて形式重視の立場で考えることにしている。形式の意味は文法ではないが、意味を表現し分けている形式の役割が文法の対象なのである。

4　文法範疇と日本語

　明治以後の言語研究の方法や文法用語などは、20 世紀後半のアメリカの影響を除けば、ヨーロッパから取り入れたものが多い。それらは印欧語やセム語など、ギリシャ時代以来の研究者が触れることのできた言語を対象として作られたものであり、決して普遍的なものではない。そういう用語の中に「文法範疇（カテゴリー）」という概念がある。印欧語の動詞で

は人称・数・テンスなど、名詞では性・数・格という範疇がある。
　こうした文法用語の使用は便利であり、日本語文法でも範疇やカテゴリーという用語が用いられることが多い。動詞にはヴォイスという文法範疇があって、その要素として能動と受動があるなどと言われるが、文法範疇についてそれ以上の定義や説明は少ない。しかし印欧語と日本語では言語構造や表現方法が異なるので、中身まで借用した文法用語で日本語の言語事象を整理するのは問題である。能動と受動の対立は印欧語に倣ったものであるが、日本語にはそれらを１個の範疇としてまとめる論理が内在するか否か、範疇の要素とされる意味がどのように対立し、それらはどのように形式で区別されているか、などが検討されていない。「食べた」と「食べられた」とを並べると、日本語にもヴォイスという文法範疇が有効のように見えるし、それで説明できたように思える部分もあるが、逆に見えなくなるところもある。
　そこでまず、印欧語的な文法範疇という用語の内容を確認し、それに関係する諸形式の意味の関係を考える。その後にそれらを日本語に適用するのが適当か否かについて考える。問題は次の２点となる。
　　a　印欧語の文法範疇とはどのようなものか。
　　b　日本語はそのような文法概念を必要とする構造か。

4.1　印欧語の表現方法

　印欧語の動詞や名詞にはいくつかの文法範疇があり、それらが組み合わさって体系をなしている。その体系全体は言語表現の材料である抽象的な言語記号を具体的な文成分にするための装置である。動詞や名詞などの言語記号は集団の成員の脳に目録となって蓄積されているが、それぞれは抽象的な辞書的項目であって、印欧語ではそのままの形で実際の文で使うことはできない。文中で使える具体的な形に加工する工程が必要である。それぞれの文法範疇はその工程で使用される鋳型に当たるものである。言語記号が特定の文法的役割を持つ形に加工される過程は、形態論的工程ではあるが、同時に、文成分として課せられた職能を得るための構文論的な手続きでもある。
　一般的に言えば範疇というのは同類のものをまとめたグループのことで

あるから、文法範疇は同類の文法的意味のグループということになる。文法範疇は少数の要素からなる有限集合であるが、それを筆者のことばで定義すれば、次のようになる。

  a グループ内での要素の対立関係が明確である。
  b そのそれぞれが異なる形式で表現し分けられている。
さらに文法的手続きとしては、
  c 全てのグループからそれぞれ1個の要素だけを選択する。

 第一に、文法範疇は単なる似た意味のグループではなく、要素である意味は明確に対立していなければならない。例えば英語やフランス語の数という範疇では、1か2以上かで単数と複数に明確に分けられている。これらはデジタル化されていて、その中間はないし、それ以外もない。このように、文法範疇とは、全ての意味を少数の対立関係で説明できる要素のグループである。

 第二は意味と形式の関係である。文法的意味ａｂｃ‥ｎを要素とするグループがあれば、それぞれの要素に対応する形式ＡＢＣ‥Ｎがグループをなして、範疇内の要素は原則として形で表現し分けられているということである。

 文法的には、第三の、全てのグループから1個を選択するということが重要である。印欧語では、言語記号が具体的な文成分に加工されるためには、全ての範疇から義務的に1個の要素を選択しなければならない。ある範疇をパスしたり、複数の選択肢を取ったりすることは許されない。Ａ／Ｂ2個の要素からなる範疇では、ＡであればＢではなく、ＡでなければＢである。ＡでもなくＢでもないこと、あるいはＡでもありＢでもあることは許されない。1個の範疇内の各要素は互いに範列的（paradigmatic）関係にある。

 文法範疇という以上、ある要素を選択すると文中の他の形式が影響を受けるということもある。例えば主語と動詞述語、名詞と形容詞との間の一致などであるが、日本語ではあまり重要ではない。

 印欧語タイプの言語として古典ラテン語を見る。

 ラテン語の動詞「歌う」は、辞書では canto として登録されている。これは便宜的に具体的な形式の一つで抽象的な言語記号を表しているので

第1章 文法の考え方 15

あって、現代日本語の辞書で終止形を見出し項目とするようなものである。この抽象的な単位を具体的な文成分にするためには、その文の述語として要求されている意味に合うように、文法範疇という工具で加工する必要がある。ラテン語の動詞の文法範疇は、ヴォイス、ムード、テンス、人称、数の5種類である。

　3人称単数の形に cantat という形式がある。この cantat は、文の意味に合わせて、各範疇から1個ずつ選択した要素で加工された結果である。即ち、意味「歌う」を表す部分 cant- と各範疇から選択した要素を表す部分の -at からなり、文成分としての cant-at は、それぞれの範疇の意味と形式で、次のように他の要素と対立している。

　　　ヴォイス　　能動態 cant-at　　／受動態 cant-atur
　　　ムード　　　直説法 cant-at　　／接続法 cant-et 等
　　　テンス　　　現在　 cant-at　　／未来　 cant-abit 等
　　　人称　　　　3人称 cant-at　　／1人称 cant-o、2人称 cant-as
　　　数　　　　　単数　 cant-at　　／複数　 cant-ant

ここで注目すべきは、-at という1個の形式が、受動態の -atur など、以下それぞれの範疇内で他の形式と対立し、1個で様々な文法的意味を表していることである。印欧語タイプの言語では、融合した -at のような1個の形式が、複数の範疇から選択した意味の束を表現している。完了を表すのに -v- という形態素が使われていたりして、完全に融合した形式ばかりではないにしても、活用部分のうちのどの部分がどの意味を表しているかを分割することのできない部分も多い。このことは英語の動詞の -s が、1個の形式で直説法・現在・3人称・単数という意味の束を表しているのと同様である。

　以上のように、ラテン語の動詞述語の表す文法的意味は、全ての範疇から義務的に1個ずつ選択した意味の束である。一つの言語では文法範疇の数もその中で対立する要素も一定であるから、それらの組み合わせである意味の束、即ちその束を表す動詞の活用部分の数も有限個である。従って動詞を形態論的に記述するということは、意味を縦横に対立させた範列的な一覧表、つまり全体が1・2ページに納まる程度の動詞活用表を作ることである。その活用表は文成分となり得る形式の一覧表であるから、文法

的な文で使用される形式は全て提出されている。逆に言えば、この一覧表にない形式を話し手が勝手に作り出すことはできない。

このタイプの言語の
 a 全ての文法範疇から義務的に1個を選択した意味の束である。
 b それらの意味の束を融合した形式で表現する。
という二つの特徴は、いくら強調しても、し過ぎということはない。ただし融合した形式というのは共時的な特徴ではあるが、歴史的なある段階に過ぎないということも考えられる。文法範疇の定義に必要なことは、複数の要素を持つ一定数のグループ全てから義務的に1個を選択することだけでよいかもしれない。

ただし注意しなければならないのは、個々の範疇内での意味の対立関係は、普遍的なものでもないし、他言語や所与の理論から借用するようなものでもないということである。対立は言語ごとの習慣によっていて、それぞれの言語ごとに異なるものである。上で見た英語などの数では、1か2以上かで単数と複数に分けられ、明確な基準によっているように見える。しかし境界が1と2の間であって、2と3や4と5の間でないのは、その言語の恣意的な習慣である。古典印欧語の名詞では双数（dual）という要素が2個のものに適用されていたが、習慣に変化があり、現代では消失した言語が多い。

また印欧語の人称は、1・2・3人称が話し手・聞き手・その他という基準で分けられ、それに単数と複数がある。これも明確な対立のように見えるが、印欧語の論理による恣意的なものである。1人称複数には、聞き手を含むか含まないか、つまり1人称＋2人称か1人称＋3人称かによって異なった意味となる。それらが形式で対立している言語もあるが、印欧語ではそれを区別しない。言語ごとに対立関係は異なっていて、文法はその言語に内在する論理の現れなのである。

文法範疇とは、能動と受動、現在と過去というような、似た意味を集めただけのグループではない。それぞれの言語の論理によって対立させている要素を形式で区別し、全てから1個を選択するという、上のような場合に使うべきである。

4.2　日本語の表現方法

　上のような文法範疇という概念を日本語の表現方法に適用できるか。ここでいう日本語とは日本列島という入れ物の中で使われている全体のことであるから、その多くは生活の場で使われている各地の方言である。書きことばや規範的な標準語は日本語の中でも特殊なことばであって、その文法そのままが日本語の文法ではない。本書では各地の方言からも例を取りあげながら、日本語に広く見られる特徴を見ることにする。その点で、全体が均質的な一言語の記述とは言えないかもしれないが、個々の部分では記述的にし、通して見れば日本語共通のモデルとなるようにする。

　まず動詞述語全体の構造を見ると、ラテン語の述語が文法範疇という工具群で加工された動詞の変形物であるのに対し、日本語では核となる動詞に、場合によっては多くの付属部品を加えた複合物となっている。

　文法範疇またはカテゴリーという用語を使う説明によれば、動詞「食べる」では、タベルとタベラレルがペアをなし、ヴォイスという範疇内で能動／受動という対立をしているとされる。しかしタベルとタベラレルの全体を比べて、両者が範列的（paradigmatic）関係にあると捉えるのは、意味の世界なら認められるかもしれないが、文法という形式の面では正しくない。日本語の形式は、印欧語のように抽象的記号が文法的に加工されたものではなく、核となるタベに必要な形式が接続したものであり、それぞれはタベ＋ルとタベ＋ラレ＋ルという2単位と3単位の形式である。両者の相違はラレの存在だけである。受動の意味はそのラレによって表されているので、受動か否かはラレの存否による。従って受動に関する文法は、タベルとタベラレルという2形式の問題ではなく、ラレの出現する条件と位置などの規則を明らかにすることであって、タベ＋ラレ＋ルを構成する3個の形態素の統合的（syntagmatic）な問題である。

　ここで敢えてφという異形態を設定し、ラレの存否を文法範疇のように解釈することはできる。即ち

　　タベ＋ラレ＋ル
　　タベ＋φ　＋ル

とすれば、範疇内で受動ラレ／能動φという形式的対立があると言えないこともない。1個の形式で意味の束を表す言語の場合なら、そのうちのあ

る束のためにφが現れることもあるかもしれない。しかし束ではなく、独立に1個ずつ接辞を付加して行く日本語では、以下に述べるように、φの設定は妥当ではない。

　受動と同様に、使役やアスペクトの場合は下のようになる。
　　タベ＋サセ＋ル　　　タベ＋テイ＋ル
　　タベ＋φ　＋ル　　　タベ＋φ＋　ル
このようにすると、個々の意味についてはそれぞれの接辞とφとで説明できるが、φがそれぞれの範疇で別の意味を持つことになる。またこれら全部が関係した場合には、φの連続する構造もある。

　　食べる　　　　　　　　タベ＋φ　＋φ　＋φ　＋ル
　　食べさせる　　　　　　タベ＋サセ＋φ　＋φ　＋ル
　　食べられる　　　　　　タベ＋φ　＋ラレ＋φ　＋ル
　　食べている　　　　　　タベ＋φ　＋φ　＋テイ＋ル
　　食べさせられる　　　　タベ＋サセ＋ラレ＋φ　＋ル
　　食べさせている　　　　タベ＋サセ＋φ　＋テイ＋ル
　　食べられている　　　　タベ＋φ　＋ラレ＋テイ＋ル
　　食べさせられている　　タベ＋サセ＋ラレ＋テイ＋ル

　印欧語的言語の文法範疇の数は一定であり、動詞述語は全ての範疇に関る意味の束である。ところが日本語で動詞に接続する意味は上の3個以外にもあり、それらに関係するか否かは自由である。従って任意に組み合わせた複数の意味を表すためには、それだけの数の形式または$φ_1$〜$φ_n$を連続させることになる。それでもnの数が少なく、組み合わせの型でも定まっていれば、日本語という言語構造の特徴として解決できる。しかし意味の取捨が自由の構造で、接辞とφとが組み合わさった長い姿とその種類の数を想像するのは難しい。取捨自由の意味グループ、グループ内の要素の一方がφであること、これらのことから日本語の動詞述語での文法範疇は認められない。

　日本語での文法的意味の表現方法は、文法範疇ではなく、その意味に関るか否かというオプションである。動詞述語では、文に必要な意味を表すオプション要素が必要な数だけ付加されるのであり、不必要なものには関係しない。ヴォイスという範疇の中に受動と能動という要素が範列的にあ

るのではなく、述語構造の中にラレが出現するか否かという、述語を構成する他の形式との統合的な関係として捉えるべきである。峰岸（2000）がモデル化しているように、印欧語など屈折語は「一定範疇言語」であり、日本語は「不定範疇言語」即ち「膠着語」なのである。

　オプション要素は、上の例でサセル・ラレル・テイルの順序で現れているように、その順序が定まっている。従ってこのような言語の動詞述語に関する文法は、「はしご」のように枠の連続した枠組みを設定し、それぞれの枠に入るオプション要素の形と順序を整理することである。多くの意味を表すためには多くの枠がふさがり、

　　タベ＋サセ＋ラレ＋テイ＋マセ＋ン＋デシ＋タ＋カ

など、意味の数だけ形態素の並んだ長い形式となる。一方、その意味が必要なければその枠をパスすることになる。全部パスするならば、

　　タベ＋ル

という、上に述べた必須要素だけの単純な形になる。その中間の構造を含め、それぞれは必須要素とオプション要素の組み合わせである。

　オプションを意味の面から見ると、必要な意味は出現するが、出現しない意味には無関係ということである。述語全体の意味は出現した意味の合計であって、形式Aが出現しない述語は、φによって反対側の意味を表しているのではないから、その意味関係は、A／φではなく、A／無関係という対立である。

　タベルとタベラレルの相違は、ラレが存在するか否かである。タベラレルは受動を表しているが、タベルは能動を表しているのではない。ルが叙述の必須要素であり、受動や能動に関係ない形式であることは、タベラレルのルや上の8個の例文を見れば分かる。タベルは、非受動、つまり受動／能動の対立とは無関係である。タベラレルのラレは受動の意味を表すことができるが、能動と対立する印欧語的な受動ではなく、能動とは関係のない「結果の影響を受ける」という意味である。その中には「迷惑の受動」など、日本語の特徴的な表現も含まれている。日本語でも、タベル／タベラレルのように、能動／受動の対立に似た意味関係が見られる場合もあるが、これは、印欧語的な枠組みを通して日本語を見た結果であり、ラレの持つ意味の一部分であるにすぎない。

また意味としての受動は、「教わる」のように個々の語の意味に含まれる場合もある。接辞ラレの意味として表される受動は現れ方が規則的であるが、語の意味によるのは個別的で一般化できない。しかし接辞であれ、語であれ、日本語の受動は辞書的な意味であって、文法的概念を文法的手段によって表現したものではない。もちろん接辞ラレの職能やラレと他の形式との関係、例えば下の「自分」は、aでは太郎、受動のbでは花子である。これらの構文的関係を説明するのは文法である。
　　a　太郎は花子を自分の部屋に閉じ込めた。
　　b　花子は太郎に自分の部屋に閉じ込められた。
　以上のように、日本語の動詞述語は必須要素に必要なオプション要素を付加したものであり、述語全体の意味は１形式１意味の形態素の合計である。それらの要素の数は不定であり、それらを組み合わせた文成分の種類は極めて多様である。動詞述語の形について、限られた数の文法範疇によって整理されたラテン語の活用表のような文成分一覧表を作ることはできない。従って日本語の動詞述語を形態論的に記述するということは、最小にまで分割した個々の要素の形・意味・職能を定義し、それらの出現する条件や順序を定めた枠組みを作ることである。これらのことは、方言を記述しようとする場合には当然のことであり、南（1962）などで以前から説かれていることである。

5　資料の範囲

　ある形式が文法的単位として確定されるのは職能と意味という概念によってである。そこで次に概念と形式との関係について整理しておく。

5.1　概念と形式
　未知の方言を記述する場合、言語事象の観察によって当該言語に適した文法概念を設定すべきである。作業仮説として既知の概念や理論を借用することはあっても、目標はあくまで当該言語に内在する論理の発見とそれによる体系化である。その結果として、できるだけ少ない規則で言語事象全部を矛盾なく説明できるようになればよい。

そこで次に観察の対象とすべき資料の範囲を考えてみよう。文法的関係は限られた数の形態素とそれらの出現順序などで表現されるので、1個の形式あるいは方法で種々の役割を果たすことも多い。一言語内で概念とそれを表す形式との関係を整理すると以下のようになる。
　　a　概念があって形式がある
　　b　概念があって形式がない
　　c　概念がなくて形式がある
　　d　概念がなくて形式がない
　まずaの場合であるが、これは普通の文法で扱われる形式である。概念の中身や広さには差があるが、固有の意味と職能を持った文法形式全てがこれに入る。
　次にbは二つの場合がある。まず動詞の人称のように、他言語には存在するが、日本語では表現しないという場合である。これは日本語ではその概念はないものとして扱えばよいので問題はない。問題は新しい文法的表現をする必要が生まれ、概念の中身は理解されながらも、それを表現する専用の形式がない場合である。
　土地の方言に敬語がない地方は無敬語地域と言われる。そういう方言があるとすれば、敬語という文法概念があってそれを表す形式がないのではなく、制度化された表現方法としての敬語という概念そのものがないのであり、上のdの場合である。その方言はそういう表現方法を必要としない論理で構成されているのであって、存在すべきものが欠けているのではない。ただしその集団の方言的場面においても、敬意を表現した方が望ましいと意識される場面が出てくれば、概念があって形式がないことになり、上のbの場合となる。その場合、共通語形の使用、語彙的手段や婉曲表現などの使用で敬意を表現することになるであろう。このような代用の表現については下で改めて述べる。
　さて概念がなければそれを表す形式は不要であるから、cのような場合はないように思われる。しかし形式があれば、何らかの概念があるはずである。ないように見えるとすれば、それは概念や役割がまだ解明されていないだけである。例えば西日本の方言では否定表現にンとセンの2形式がある。これが同じ否定であれば、一方は概念がないのに形式があるcとな

る。しかし標準語の尺度、即ち「否定」という概念を1個とする枠組みで見るから2種類の形式が存在することになるのであって、その方言のンとセンを細かく観察すれば、それぞれが固有の意味と職能を持つ別の形式であることが分かる。

　ただしことばの変化やゆれのために、概念と形式とが1対1に対応していない場合がある。可能を表す伝統的な形式は「出られる」であるが、最近のことばや方言では「出れる」もある。同じ意味を表す2個のどちらか一方は不必要な形式であり、cのケースに当たる。もちろん狭い地域や世代語の段階では1個だけであろうが、日本語あるいはある範囲の方言としては2個の形式が存在する。しかしこれは共時的なことではなく、変化の過渡期、または位相として解決できる。

　最後に概念も形式もないというのは、当該言語で概念として制度化されていないので、それを表す形式がない場合である。これは記述文法としては問題にしなくてもよい。しかし上に述べたヴォイスのような場合もあるので、簡単ではない。記述文法は言語事象から帰納的に体系を求めるものである。しかし所与の枠組みによって言語体系を説明しようとする考え方もあり、それによれば、当該言語で文法的に表現し分けないものまで、その枠組みに合わせて概念や形式を整理することになる。ヴォイスという文法範疇の中で能動／受動という対立を持つ枠組みを日本語の実際の資料に適用すれば、日本語でもタベルとタベラレルの対立が文法的に制度化されているように見える。その結果、日本語に制度として存在しない文法概念や形式を設定することになる。

5.2　代用の表現

　ここでは上のb「概念があって形式がない」場合について述べ、文法の範囲を考える。

　印欧語の名詞には性・数・格という文法範疇があり、名詞はそれらの意味の束を持った形式に加工して使用される。日本語にはこの文法範疇がないので、翻訳する場合、それが伝達に必要であれば、日本語の似た形式や他の手段を用いることになる。格関係は格助詞で表現できるが、日本語には性と数を文法的に表現する方法はない。しかし数は、文法的に表現しな

いだけであり、日本語で表現できないわけではない。必要であれば、語彙的手段によって、英語の books は「複数の本」と訳せばよい。また性は、それぞれの言語の文法上の慣習に過ぎないから、日本語では無視しても内容の伝達に支障はない。

　問題は「概念があって形式がない」場合、即ち表現する必要が生じたにもかかわらず、そのための表現方法がない場合である。新しい意味を表現する必要があるとき、事物の名称の場合は新語形を作ったり他言語から借用したりすれば解決できる。しかし文法概念とその表示は、その表現に関る全ての形式に適用される規則である。新しい表現方法や規則を簡単に新設できるわけではない。他言語の翻訳で、あるいは方言が標準語の新しい表現に遭遇して、どうしても伝えなければならないことであれば、既存の形式の拡大利用や代用の表現を工夫することになる。

　この代用の表現には、その場で一回だけの臨時的なものから、集団内で認められているものまで、いろいろな段階がある。整理すれば、下のような段階が考えられる。

　　a　その場で話し手が工夫した一回限りの臨時的な表現
　　b　集団内である程度使用される代用の表現
　　c　集団内で確立していて、代用とは意識されない表現
　　d　確立したものを受け継いだ正統と意識された表現

　一回且つ臨時のものは個人的であり、その場で消えてゆく。これは集団の言語の文法として扱う必要がない。問題は、bの集団内である程度使用される表現以上のものであり、どの程度から社会的なものと認めて文法の中に入れるのかということである。

　上のbまたはcの例として、三重県志摩町での動作主に対する敬意表現を見よう。

　尊敬語は、動作主に対する評価によって、話し手が動作主についての表現を変えることである。西日本の多くの方言に尊敬語があるが、三重県熊野灘沿岸部では語彙的・文法的な尊敬語を持たない地域も多い。この地方では校長先生でも野良犬でも「来る」は同じクルであり、敬意を含む動詞語形や尊敬の助動詞などはない。しかし三重県志摩町の高年層では、補助動詞クレルによって動作主に対する敬意を表す人がある。

キテクレタ　　　　　（意味－おいでになった）
　　　マッテクレトルデ　（意味－お待ちになっているから）

このクレルは、動作主が話し手のために恩恵を施した場合ではなく、地区の集会に集まった目上の人の行動を尊敬して表現したものである。この人達のことばは、同等以下と目上とが、キタ／キテクレタ、マットルデ／マッテクレトルデのように、異なる形式で表現し分けられているので、敬意の表現がなされている。これは、標準語文法で考えれば、シテクレルの本来の意味「恩恵を受けて恐縮している」という気持ちを動作主への敬意として転用しているのであって、代用の表現である。しかし、詳しい調査はしていないが、このクレルはこの地域である程度使われているから、上のb段階以上のものである。この段階になれば、文法の中に入れなければならないかもしれない。

　このクレルがこの方言の文法的な尊敬語か、敬意を表すための代用表現に過ぎないかという問題、b段階かc段階なのかは重要ではない。一般的に言えば、個人的なものは別としても、b以上の境界は、共時的な言語体系の問題ではなく、通時的な変化過程として見るべきであろう。bからcへと昇格し、cに至ったものが長く使われている場合に、歴史的なdとして存在することになるのである。従って上のb段階以上のものはその方言の表現方法であり、文法の対象となり得る。言語の歴史を見れば、起源としては代用的な表現であったが、現在ではその意識がないという例は多く見られる。

　一つの共時態の中には、通時的変化の結果として、上のような各段階の表現が混在している。ある範囲に通用する確立した言語の文法の対象となるのは、このうちのcとdであろう。b段階は狭い地域の方言の記述では対象となるが、社会言語学的な問題とも関っていて、純粋に文法の問題といえるかどうか、難しいところである。

6　動詞述語の文法

　動詞述語の［［［命題］判断］態度］［働きかけ］という構造は、末尾に行くほど、話し手の表現態度など、主観的な意味を表す部分となっている。こ

の枠組みの中で各形態素が果たす役割分担の体系が文法である。従って動詞述語の文法は、「タスケ＋ル」のような必須要素を基本構造として、文の意味に応じて付加されるオプション要素の意味と形を確定し、それらの出現する条件と順序の規則を明らかにすることである。

　文法は形式と職能との関係を問題とする。文法的意味であっても、意味そのものは文法ではない。助詞、特に終助詞の意味は文の意味に関るが、形式の意味の問題は形態素の意味論の領域である。

　そういう文法の対象となる資料は、その言語集団のことばとしてある程度認められている形式から、集団の成員全員共通のラングとなっている形式までであり、その場での個人的表現は除かれる。

第2章　動詞述語と陳述

　前章で触れたように、動詞述語として成立するために必ず含まれていなければならない要素がある。話が[命題]の範囲を出て、順序が前後するところもあるが、最初にこの必須要素について述べておきたい。

　本章で述べたいことは、必須要素として「文成立形式」というグループを認めること、そのグループだけが文法的に文を終らせる「陳述」という職能を持つということである。

1　動詞述語の範囲

1.1　述語の定義

　述語とは何か。簡単に言えば、主語の行為や状態を説明する文成分である。しかしこれは主語と述語の意味の関係について述べただけであり、文法的な定義になっていない。このような定義では、渡辺（1971）が述べているように、次の二つの「咲く」の相違が説明できない。

　　桜の花が咲く。
　　桜の花が咲く季節……

両者の「咲く」つまり終止形と連体形の相違は、文法的な基準によって説明されなければならない。これを渡辺（1971）は、筆者の用語でいうと「意味」と「職能」という観点から次のように説明している。（　）内は筆者が簡単に言い換えたものである。

　　　終止形の「咲く」　　意味　統叙　（意味を完結させる）
　　　　　　　　　　　　　職能　陳述　（文を成立させる）

連体形の「咲く」　意味　統叙　（意味を完結させる）
　　　　　　　　　職能　展叙　（次の文成分に繋げる）

　ここで述べられている統叙・陳述・展叙という用語やその定義の細部については別に検討する必要がある。しかし前章で述べたような職能重視の立場から見れば、このように意味と職能を分けた説明方法は、文法的な考え方に則ったものとして高く評価できる。ここでは仮に、述語は、職能としては、文を成立させる文成分、意味的には主語の説明を完結させる文成分としておく。

1.2　動詞述語

　本書で扱う動詞述語とは、動詞としての文法的役割を保ち、主文の述語部分となる文成分である。動詞を含む述語には、単純な動詞だけのもの、下のｂ～ｆのように他の形式の接続したものやそれらの組み合わさったもの、ｇ～ｈのように他の形式に接辞が接続して派生動詞となっているものなどがある。

　　ａ　単純動詞　　　　　　書く　読め
　　ｂ　動詞＋派生接辞　　　書かせる　書かれろ
　　ｃ　動詞＋否定　　　　　書かない　読まない
　　ｄ　動詞＋助動詞　　　　書いた　読みます
　　ｅ　動詞＋不変化助動詞　書こう　書くまい
　　ｆ　動詞＋他の助動詞　　書きたい　読みそうだ
　　ｇ　形容詞語幹＋接辞　　寒がる　高まる　苦しめる
　　ｈ　名詞＋接辞　　　　　春めく　汗ばむ　大人ぶる

　上のうち、ｆの形式は形式全体が動詞とは別の役割になっている。例えば「書きたい」は全体で形容詞と同じ役割を果たしているので、この形式から「書きたがる」や「書きたさ」が派生するのは、「寒い」から「寒がる」や「寒さ」が派生するのと同様である。従って「書きたい」は動詞としての述語をなしているとは言えない。～ソーダについても同様である。本書ではｆの形式は考察の対象としない。

　否定の接続したｃの「書かない」は、標準語では形容詞型の活用であるが、西日本型諸方言では「書カン」などとなるので、形式的にｆの～タイ

などとは異なっている。意味的にも表現内容成立の有無であって、新しい意味を加えているのではない。次章で述べるように、方言を含めて日本語全体として見れば、否定は動詞述語のオプション要素と考えてよい。従って「書いた」などと同じ扱いにして、考察対象とする。

また、g～hのように、動詞以外の形式と接辞による派生動詞は、一般の動詞と同じ役割を果たすから、当然対象となる形式である。

2　動詞述語の必須要素

動詞述語は動詞としての形式であるから、そこには核となる動詞が必ず存在しなければならない。動詞が存在すると言えるためには、どのような形態素が含まれていればよいか。

動詞の活用については第4章で述べるが、学校文法の活用形には、そのままで述語となり得る終止形や命令形と、文成分の一部にすぎない未然形などが混在している。文成分になる「書く」の終止形や命令形をkak-u、やkak-eと分割することにして論を進める。これらは単独で文成分になっているから、これだけの形態素がそろっていれば、動詞述語の必須部分が備わっていることになる。従って必須要素とは、具体的にはkak-と-uや-eなどである。

形式には意味と職能がある。動詞としての意味は辞書の通りであるが、終止形や命令形などの活用形としての職能は、文の動詞述語となることである。つまり終止形は「叙述する」という意味と文を終止させる職能、命令形には「命令する」という意味と命令としての文を成立させる職能がある。終止や命令という意味と、終止法や命令法など「文の終り方」という職能とを分けて考えるべきである。それぞれの形態素の職能を全体の構造[[[命題]判断]態度]の中に位置付けると下のようである。

  kak-　　　意味　書くこと
      　職能　[命題]を構成し、述語の核となる。
  kak-uの-u　意味　叙述
      　職能　[態度]を構成し、文を成立させる。
  kak-eの-e　意味　希求、命令

　　　　　　　職能　[態度]を構成し、文を成立させる。

　このように、動詞述語として成立するためには、核となる部分 kak- と文を成立させる部分の -u や -e などの両者が含まれていなければならない。上で f の「書きたい」などを動詞述語から除いたのは、文を成立させる部分が動詞以外の形になっているからである。

　語幹部分 kak- と文を成立させる -u や -e などは、服部（1950）の用語で言えば「付属形式」であり、どちらも単独では使用できない。両者が一体化した終止形や命令形という１個の単語になって、使用できる単位となる。従って動詞述語の形式面での条件は、動詞を核としながら、文を終らせる職能を持つ１個の単語となっていることである。

　文成分として終止形と命令形に共通するところは、語尾の -u と -e の職能が文を成立させることである。この職能を持つ形式が接続した構造は主文の述語となり、連体修飾節など文以下のものにはならない。そこで文法的に重要なのは、語幹部分ではなく、文を成立させる語尾の方であることが分かる。しかし文成立に関る形式には、-u や -e だけではなく、学校文法では動詞に接続する形式とされている「う・よう」「まい」「な」なども含まれる。これらの意味は異なるが、職能はいずれも[態度]を構成し、文を成立させることである。またこれらは全て付属形式であり、動詞部分と一体化して単語となり、文成分になる。

　文を成立させる形式とその意味は下のようである。

書く	kak-u	書く＋叙述
書け	kak-e	書く＋命令
書くな	kaku-na	書く＋禁止
書こう	kak-oo	書く＋意志
書くまい	kaku-ma'i	書く＋否定意志・否定推量

　上のカクナは動詞の活用形に禁止のナが接続した形式であり、終止形や命令形などは、動詞の語幹部分 kak- に -u や -e が接続したものである。この -u や -e は、文成立という職能を有する構文的な要素であり、活用形の一部ではない。従ってこれらの動詞部分は kak- だけとなり、これが活用形に相当する形式ということになる。この形式を一種の活用形と認め、以下では「語幹形」と呼ぶことにする。

kak-u も kaku-na も述語となる。動詞部分の kak- も kaku- も活用形の1種であるし、-u や -na などは文を成立させる要素である。従って、動詞述語を構成する最低の条件は、動詞の活用形と文を成立させる形式があればよい。動詞述語の最小の形式は次のようである。

　　活用形＋文を成立させる形式

日本語の動詞述語は、この基本となる2種の必須要素に、派生接辞などのオプション要素が付加される形で存在する。従って動詞述語についての文法は、必須要素である動詞の形態素とオプション要素の形と職能を定めることは当然であるが、必須要素による基本構造とオプションの諸要素がどのような関係で、またどのような順序で出現するかを明らかにすることである。

3　文成立形式

3.1　形式の種類

文を成立させる職能を持っている必須要素、-u・-e・-na など上の5種類を1個のグループとして捉え、「文成立形式」と呼ぶことにする。このグループは第1章で触れた印欧語的な文法範疇と似ているところがある。グループの中にいくつかの選択肢があり、動詞述語を構成するためには、どれか1個を義務的に選択しなければならない。何も選択しない場合、動詞述語は成立しないし、これらの複数を兼ね備えたものもない。その点で他のオプション要素とは文法的性質の異なる要素である。

この文成立形式のグループは、受動と能動、過去・現在・未来など、印欧語などの意味グループそのものを模倣した「文法範疇」ではなく、日本語の基準に従ってまとめられたグループである。しかし印欧語の文法範疇が、単数と複数、あるいは1・2・3人称などのように、範疇内での要素の数もそれらの対立関係も明瞭であるのに対して、日本語の文成立形式では、グループを構成する要素の数、また意味相互の対立関係が明らかではない。叙述／命令、禁止／推量など、どういう対立をしているのか明らかではない。この段階では文法範疇という用語は使用できない。

標準語を離れて諸方言を見ると、東海地方の勧誘のマイ「行かマイ、行

コマイ」、あるいは東北地方の意志・勧誘などのベー（形容詞やダなどにも接続するので、付属形式と言えないかもしれない）のような地域固有の文成立形式がある。それらを記述的に整理すれば、標準語とは形式の数も異なる多様なグループが観察できるであろう。しかし各地の文成立形式についての知識が乏しいので、今の筆者の力量では方言を資料にして文成立形式を語ることは不可能である。本章においても標準語の例によるのが適切であると思う。

　上述のように、標準語の文成立形式は5種類である。動詞述語は、動詞の活用形と文成立形式1個がそろえば成立する。逆に見れば、成立した文の種類は文成立形式の種類と同じ5種ということになる。以下で個別に見ていく。

3.2　叙述と命令

　文の中で意味的に最も単純なものは、単に事実や心情を述べるだけの叙述の文である。この場合の動詞述語の構造は、語幹形に叙述の-u～ruの接続した形である。

　　　書く　　kak-u
　　　見る　　mi-ru

学校文法ではこれらの全体が終止形であるが、kak- や mi- の部分が辞書的な意味と述語の核という職能を表し、-u～ru が叙述という話し手の[態度]と文の成立という職能を表している。叙述 -u～ru は、命令 -e や禁止 -na などの形式と対等の地位にある文成立形式である。

　ここで終止形と連体形の形式と職能について触れておく。標準語では全ての動詞で終止形と連体形が同形であるにもかかわらず、活用表では別の枠になっている。学校文法は形で活用形を区別しているので、枠を統合すればよいように思われる。事実、方言を記述した活用表では、終止形と連体形が同形の場合、1個の枠にまとめられている例が多い。活用形の認定は形態の相違によるという原則に従っているので、これらの記述態度は当然である。

　しかし文法的に見ると、終止形と連体形の問題には語尾 -u の職能が関係している。-u を[[[命題]判断]態度]の中に位置付けると、終止形の -u

は文を成立させる［態度］を構成する形式であるのに対して、連体形の -u は連体修飾成分を構成する［判断］以前の形式である。前述の渡辺（1971）の用語で言えば、終止形の -u は文を終止させる「陳述」の職能を持ち、連体形の -u は次の文成分に繋ぐ「展叙」の職能を持つ。終止形と連体形は仮名表記すれば同形であるが、それを構成する -u の職能が異なっているので、活用形全体の構造が異なっている。

  終止形 書く [[[kak-]]u]、 見る [[[mi-]]ru]
  連体形 書く [[[kak-]u]]、 見る [[[mi-]ru]]

 次は命令である。命令の動詞述語では、語幹形 kak- や mi- に、命令を表す文成立形式の -e〜ro が接続している。この構造は -e〜ro の意味が命令というだけで、上の -u〜ru（終止形）の場合と同様に考えてよい。

  書け kak-e
  見ろ mi-ro

終止形と命令形は学校文法では1個の活用形である。しかしこれらは、語幹形に構文論的職能を持つ文成立形式が接続した、2個の必須要素からなる形式である。

3.3　禁止

 禁止のナは終止形に接続する終助詞とされている。しかしこれについては次のような訂正すべき点がある。

  1 ナは終助詞ではない。
  2 ナは終止形に接続しない。

 まずナは、動詞の一定の形式だけに接続する付属形式であるから、付属語である終助詞の中には入らない。このことは既に服部（1950）や南（1962）なども述べていることである。次にナは、文を終らせる文成立形式であるから、kak-u という叙述の文成立形式で既に文として成立している形式に接続することはない。ナの接続する形は活用形として -u のついている連体形ということになる。このことは下で述べるマイや、さらにラシーなどでも同様である。これらを接続させる分だけ連体形の役割が広くなる。

  書くな kaku-na
  見るな miru-na

意味として見れば、ナによる「禁止」は「否定＋命令」であるが、命令の -e〜ro と禁止の -na との間に形式的な関係が見られない。叙述の否定はナイが接続しているから、叙述＋否定と分析できる。ところが禁止のナはこれ以上分割できない。文法的にも意味的にも 1 単位のものである。従って -na と -e〜ro は文成立形式というグループ内で特別な関係を持たずに並存している形式である。

3.4 不変化助動詞

文成立形式の中には金田一（1953）で不変化助動詞とされている「う・よう」「まい」も入る。これらもやはり付属形式であり、［態度］を構成する形式として、意志や勧誘、否定意志などの意味で文を成立させている。五段活用動詞に接続するマイは連体形に接続する。

　　　書こう　　kak-oo　　　　見よう　　mi-'joo
　　　書くまい　kaku-ma'i　　 見まい　　mi-ma'i

金田一は、不変化助動詞を、活用のある助動詞と異なる性質であり、「感動助詞」（文部省文法の終助詞）に近い主観的表現の形式としている。

しかし金田一のこの説明には問題がある。まず「書こう」の「う」は付属形式であって、語幹形と一体化して単語となるのに対して、終助詞は自由形式（付属語）である。また不変化助動詞は述語に必須の文成立形式であるが、終助詞は形式面で成立している文にオプションで付加する形式である。従って「書こうか」のように不変化助動詞と終助詞とが共起することもある。カコーの一部をなす文成立形式（付属形式）と、カコーに接続する終助詞（付属語）とは文法的に区別しなければならない。

このように言うのは簡単である。しかし金田一は「近い」と言っているのであって、同一のグループをなすとは言っていない。金田一は述語構造全体を客観的部分と主観的部分の 2 種に分けていて、本書のような 4 種ではない。2 種に分ければ、活用のある助動詞が客観的部分に入り、不変化助動詞は主観的部分の方に入るということを強調するために、感動助詞に近いと言ったのである。金田一は長々と説明しているが、書かれた時代を考えれば、これを現代の感覚で文字通りに解釈してはならない。金田一の言う不変化助動詞の「主観的」とは、終助詞の意味と同じレベルでの主観

ではなく、叙述や命令などと同様に、表現する話し手の意図ということであり、本書の用語で言えば、「話し手の[態度]を構成する職能」という程度であろう。

3.5 残された問題

　文は動詞述語文だけではないし、動詞述語であっても、タやン・センのような動詞型に活用しない形式が接続して述語が終っている場合もある。従って文成立形式が -u～ru などのように顕在しているとは限らない。顕在しない場合の文成立形式はどうなのか。タやンは連体形と叙述の形式が同じであるが、動詞のように kaku と kak-u で区別することができない。第7章で述べるように、このような形式が文末に現れている場合、文成立形式として φ を設定しなければならない。従って叙述の文成立形式は、-u～ru～φ という異形態を持つことになる。ここでは φ を設定することだけを述べておく。

3.6 その他の形式

　第8章で述べるように、[態度]部分は文成立形式と終助詞とで構成される。現代語では、この[態度]の位置に現れるものにダローやデショーがある。ここではダローで代表させて述べる。

　ダローは、学校文法では断定の助動詞ダの未然形＋「う」であり、名詞などに接続する。断定のダは[命題]を構成する形式であり、文成立形式として φ を設定すると、構造は下のようになる。この伝統的なダローは、2個の形態素、[命題]のダと[態度]のーよりなる形式である。

　　　花だろう　　[[[ハナ　ダロ　]ー]
　　　花だ　　　　[[[ハナ　ダ　]　]φ]
　　　花だった　　[[[ハナ　ダッ]タ]φ]

　ところが新しく文末に使われるダローは、下のように動詞を含む構造に接続することもある。

　　　書く＋ダロー

　　　書かない＋ダロー

しかし標準語でこの位置に現れるのはダローだけであり、ダやダッタは現

れない。
　×書く＋ダ
　×書く＋ダッタ
従ってこのダローは、ダロ＋ーのように分割できる構造ではなく、全体で１個の形式である。

　断定のダは、［命題］を構成し、上の「花だった」のように［判断］のタより前に現れる形式である。しかし文末に現れるこのダローは、下の例のように［判断］のタより後に現れている。
　　書いただろう　　［［［カイ　　　］タ］ダロー］
　　花だっただろう　［［［ハナ　ダッ］タ］ダロー］
タの後のダローは、ダロー全体で［態度］を構成するのであり、２単位のダロ＋ーとは文法的に異なる形式である。

　それではこの新しい［態度］のダローは、文成立形式とこれに接続する終助詞のどちらのグループに準ずる形式であるか。つまり、ダローの接続した構造は、下のどちらであるかということである。
　　a　書くだろう　　［［［kaku-］］daroo　］　　文成立形式のグループ
　　b　書くだろう　　［［［kak-］u-daroo］　　終助詞のグループ
しかしこの例だけで決定することは難しい。

　そこでまず、後続の形式との接続関係を見ると、下のように「ダロー＋終助詞」という連続がある。
　　書く＋だろう＋か
この場合のダローは、終助詞の前に現れる形式であるから、文成立形式と同じ役割であると判断できる。

　次に、前接の形式を見ると、いろいろな種類の形式がダローの前に現れている。
　　書く＋　　だろう
　　書いた＋　だろう
　　書かない＋だろう
このようにダローはいろいろな種類の形式に接続しているので、自由形式のように見える。しかしダローが上のaとbのどちらのグループに入るとしても、これらの例でダローに前接する形式は同じ役割のものばかりであ

る。ダローが職能の異なる形式に接続しているとは言い難い。1単位の形式であること、表す意味が推量という文成立に相当するものであることを考えると、ダローは付属形式に準ずる形式であり、文成立形式グループに入ると考えられる。

　ただし「書く＋だろう」などの場合、前接の形式とダローの間に他の形式「こと」「はず」などが現れる。間に他の形式が現れれば、ダローは自由形式ということになるが、この場合のダローは、「はず」などの名詞に接続しているので、元の断定のダに戻っていて、ダロ＋ーという2個の形式である。動詞などに直接接続する1単位のダローとは異なる。

　　書く＋はず＋だ
　　書く＋はず＋だろう
　　書く＋はず＋だった

ダロ＋ーという「断定＋推量」を表す形式が推量だけを表す文成立形式ダローになったのは、次の二つのことが起きたからである。
　a　1単位の形式に結合した。
　b　断定の意味が弱まり、推量だけを表す形式となった。
どちらか一方が先に起きたのかは不明であるが、ダローという形式は、この二つの変化によって動詞述語などに接続できる文成立形式になった。その結果として、意志と推量を表していた「書こう」が意志だけを、「書くだろう」が推量を表すというように、意味の分担がされるようになった。またマイは否定意志だけを表し、否定推量はナイ＋ダローで表現されるようにもなった。現段階のダローは、意味的にも既に文成立形式になっていると考えてよい。

　ダローの丁寧な表現はデショーである。これも1単位の形式であり、その職能と枠組みでの位置はダローを同様に考えればよい。

　　　書くだろう　　[[[kaku-]]daroo]
　　　書くでしょう　[[[kaku-]]desjoo]

　ダローやデショーの元であるダやデスは、動詞述語に出現しないが、関係する部分もあるので後に章を改めて述べる。

　ダローを含めた文成立形式の新しいリストは下のようになる。

　　　叙述　　　　-u〜ru〜φ

命令	-e〜ro
禁止	-na
意志	-oo〜'joo
否定意志	-ma'i
推量	-daroo

4　文成立と陳述

4.1　職能

　日本語のように述語が文末に来る言語では、文の成立は文の終り方ということである。それぞれの終り方は話し手の表現態度を文法的に表現したものであるから、国文法の伝統的な用語で言えば「陳述」の現れである。上述の渡辺 (1971) もこの意味で陳述を展叙と対立させている。

　陳述という文法概念をめぐっていろいろ論じられてきた時代がある（大久保 1968）。これらの諸論説で述べられている陳述の内容はさまざまであるが、新しくなるほど定義が明確になり、それとともにその外延が減少してきたようである。また忌憚なく言えば、ほとんどのもので、意味と職能の区別が十分なされていない。

　陳述とは、意味に関するものではないし、文を客観部分と主観部分に分けた主観部分のことを言うのでもない。筆者の意見では、文法として制度化された「文の終り方」という構文的な現象である。このような陳述は、主文の述語となる必須要素の文成立形式だけが持っているのである。終助詞などに陳述があるという意見もあるが、これは意味と職能とを十分区別していない議論である。確かに「行きたい」のタイや「行くよ」のヨなど、表現意図に近い意味を表す形式もある。しかしそれはその形式の辞書的な意味であって、文法的に話し手の態度を表現しているのではない。意味は文法の対象ではない。

　筆者のような捉え方は、他の陳述論から見れば、最も狭い意味での陳述となるだろう。しかし記述的立場から言えば、陳述とは、職能としては文法的制度として固定された「文の終り方」であり、意味としては主文を終る「態度の表し方」の種類である。陳述は主文に必須の現象であり、限ら

れた選択肢から1個を選ぶという表現方法になっている。

4.2 意味

標準語での文成立形式は上の6種類であった。文成立形式の種類は文の終り方、すなわち陳述の種類である。従って意味の種類としての陳述も次の6種ということになる。現代では否定推量のマイはあまり使われないから、主なものは5種類である。

  叙述 事実や心情を叙述
   本を読む。
  命令 話し手の希望・聞き手への命令
   明日天気になあれ。
   本を読め。
  禁止 聞き手への禁止の命令
   本を読むな。
  意志 話し手の意志・聞き手への勧誘
   今夜こそ本を読もう。
   一緒に本を読もうよ。
  否定意志 実現しないようにする意志
   本だけは読むまい。
  推量 命題についての話し手の推量
   太郎は本を読むだろう。

この6種の意味を分類しなおすと、異なる面が見えてくる。これらは形式的には6種類であるが、似た種類の意味によって整理すると、次の3種にまとめられる。

  1 事実や心情などを述べる。   叙述
  2 自分の欲求や他への命令を述べる。 命令 禁止
  3 未確定のことを述べる。   意志 否定意志 推量

この3種を印欧語的文法用語に置き換えると、文のムード（mood）に相当する。日本語文法にムードという文法概念を認めるとしたら、次の3種になるであろう。

  1 事実や心情を述べる。 直説法（indicative mood）

2　欲求や命令を述べる。　　　命令法 (imperative mood)
　3　未確定のことを述べる。　接続法 (subjunctive mood)
　しかし日本語の文法では、これらを文法概念としてのムードと言い切ることはできない。というのはこの分類は印欧語の枠組みに合わせて単に意味だけで分類したものだからである。上の3種は、職能の対立として文法的な観点で整理されたものではない。日本語にはこれらを文法的に表現し分ける制度、文の終り方の相違を対立させて位置付ける形式の枠組みが存在しない。つまり日本語にはムードという文法体系が確立していないのである。日本語文法では、職能としての陳述は文成立形式による1種類、その意味はそれぞれの形式の表す6種類というところまでで止めておかねばならない。
　この似非ムードのように、他の言語の論理で別の言語を、特に意味を文法として整理するのは文法的ではない。対照研究や言語地理学の資料として、ヴォイスやアスペクトなど、意味の共通するものを比べるのはそれなりに有用である。しかし記述文法では、当該言語で形式的に対立しているものによって、文法的な体系を構築すべきである。

第 3 章　命題の範囲とその構造

　[命題]は伝えたい情報の中心で、客観的な内容を表す部分である。客観的部分とはどのような部分か。本章ではこの部分を構成する要素の種類と全体の構造について考える。

　本書で主張したいことの一つは、ここで述べる「名詞化」という試案である。この基準を適用すれば、[命題]部分の範囲を定めること、及びそれを下位分類することも容易になる。

1　客観性の基準

1.1　先行研究

　動詞の「降る」や「取る」、厳密に言えば語幹部分 hur- などは、個人の心情に関係なく、現象を客観的に描写しているが、「降った」は現象が過去のことであるという話し手の記憶を述べ、「取るな」は聞き手に対する要求を表している。記憶や要求は話し手個人による判断や心情であり、述語の主観的部分である。しかし「降った」や「取るな」においても、記憶や要求を表すのはタやナの部分であり、動詞の部分は客観的な現象を表している。それでは客観的な[命題]部分と主観的なその他の部分を分けるためには、どういう基準が採用されているか。先行研究を二三見ることにする。ただし「詞」や「辞」の定義についてまでは遡らない。

　渡辺（1971）では、ある形式が「統叙成分」の一部をなすかその外にあるかによって客観性を測っている。この「統叙成分」とは本書の[命題]に相当すると考えてよいだろう。ただし渡辺（1953、1974）では「述語」と

いう用語を当てている。渡辺（1974）の例では次のようになる。

　　犬に吠えられる。

は「犬に＋吠えられる」であり、「犬に吠える＋られる」ではないから、受動は述語の一部であるが、

　　犬が吠えない。

は「犬が吠えるコト＋ない」であり、客観的な命題をナイで否定しているから、否定は述語の外である。ということになる。

　渡辺説は一貫した理論に則っていて、基準が曖昧ということはない。しかしその理論のために、否定のナイのように「一旦は統叙成分の外ではたらきはするものの、結局は統叙成分の一部にすぎない、という二重性格をもつ」形式もでてくることになる（渡辺1971）。

　林（1960）は、本書で述べる［命題］とほとんど同じ形式を取り出して「描叙」としている。しかしその定義は

　　時枝文法でいえば、述語の「詞」の部分
　　表現意図でくるまれる、命題を言語化する働き

として、動詞で言えば「行く」YukuのYukの部分としている。林説は賛成できる部分が多いが、定義があまり厳密でない。

　南（1964）では、接続助詞〜ナガラ（継続）を分類の基準とし、その句に現れ得る構造をAとしている。このAが［命題］に相当する部分である。南説では、modalな性格が一番少ないという意味の用心深い表現になっているが、客観的な命題と考えてよいであろう。南説は文全体の要素を分類の対象としており、動詞述語の部分だけではない。その上、分類基準は一定の条件の下で現れるか否かという形式面で見るものであり、その基準は標準語の論理にも合っている。南説を修正するためには、異なった視点からの強力な基準を設けなければならない。

　これら以外を見ても、諸家の分類結果が大きく異なるわけではない。本書で述べようとする4種の要素による構造にしても似たようなものである。ただ文法構造を説明する基準は文法的であるべきだという立場から、以下で「名詞化」という試案を提案したい。

1.2　名詞化という基準

　筆者は客観的な［命題］の範囲を判定する基準として「名詞化」ということを考えている。客観的とは客体として把握できることであり、この客体化を文法的な手段として見れば、名詞の形で「事物」として表現できるということである。この名詞化を基準として、述語のうち名詞化できる部分は客観的であり、その全体が［命題］であるとする。

　実際の例で見ると、「降る」は「降り」、「取る」は「取り」という名詞になるが、「降った」「取るな」全体は名詞にならない。ただしその中の動詞の部分だけなら名詞化できる。このことから「降る」の hur- は［命題］であるが、「降った」は［［降っ］た］という、［命題］とその外側の形式を含む構造であることが説明できる。

　名詞化の可否は連用形の形で確かめる。「連体形＋名詞」は全体として名詞と同じ役割を果たすが、1個の単語になっていない。ここでは連用形の形で、単独の名詞となったものと、複合語の構成要素となったもののみを取り上げる。「取る」では次のようになる。

　　単純語　　　　　　取り
　　複合語の前部分　　取り＋方
　　複合語の後部分　　国＋取り

この複合語に連体修飾成分が前接すると、意味的に被修飾成分となるのは複合語全体ではなく、連用形部分と他の部分のどちらか一方であり、それは位置によって定まっている。

　　大胆な＋国取り　　連用形を修飾　　大胆な＋奪取という意味
　　大胆な＋取り方　　他の形式を修飾　　大胆な＋方法という意味

　従って基準としては、問題となる動詞の連用形について、次のことを確かめることになる。

　　①　単純語としての使用の可否。修飾成分との関係。
　　②　後部分としての使用の可否。修飾成分との関係。
　　③　前部分としての使用の可否。修飾成分との関係。

以下ではこの3点を基準として、［命題］の範囲とその構造を分類し、それを構成する形式の特徴を見る。

2 命題の分類

2.1 分類

佐治（1989）は，南説ＡＢＣの分類を受け継ぎ、Ａ段階の構造を動詞の部分Ａⅰと使役以下の接辞の部分Ａⅱとに分けて、両者の相違を次のように述べている。

　　Ａⅰ　核となる動詞
　　Ａⅱ　コトを具体的な事柄として話し手が描く時の話し手の関り方

［命題］は構成要素によって構造も文法的性質も異なってくるから、それらを分類することには賛成である。しかし佐治説ではＡⅰとＡⅱの境界や分ける基準について文法的に述べられていない。

そこで上述の名詞化を基準として［命題］の構造を分類しながら、［命題］の範囲と分類されたそれぞれの特徴を考える。述語となる動詞には単純動詞と使役などの接辞による派生動詞の場合がある。派生動詞の場合、出現する接辞の種類によって連用形で名詞化するのが難しい場合があるし、否定の形式が接続するとさらに限定される。先に分類結果を示すと、［命題］は次の4段階5種類となる。

　　Ⅰの段階　ことそのものを表す。「こと」の段階。
　　Ⅱの段階　ことのあり方を表す。「あり方」の段階。
　　Ⅲの段階　ことのとらえ方を表す。「とらえ方」の段階。
　　　　この段階はⅢaとⅢbの2種類に分けてもよい。
　　Ⅳの段階　ことの否定を表す。「否定」の段階。古い形式の残存。

なお動詞の構造には「踏む」のような単純語と、「踏み荒らす」のような複合語（動詞＋動詞）とがある。この場合の複合語は単純語と同様に考えてよいので、以下の例は主に単純語とする。

2.2　Ⅰ（こと）の段階

この段階は動詞だけからなる構造であり、その連用形には次のような特徴がある。

（a）　**単純語**

動詞は単独で名詞になる。その意味は動詞の意味そのままが名詞化したものであり、職能は格成分や名詞述語などの文成分となることである。
　　行く→行き
　　休む→休み
　　行きが＋辛い
　　休みを＋忘れる
　　これが＋戦いだ
名詞となった連用形には連体修飾成分が前接する。
　　激しい＋戦い
　　立派な＋行い

(b)　複合語の後部分

　「格成分＋動詞述語」という構造が名詞化すると、動詞述語が連用形となり、複合語の後部分になる。
　　雨が＋漏る→雨漏り
　　魚を＋釣る→魚釣り
　　旅に＋立つ→旅立ち
この複合語に連体修飾成分が前接した場合、後部分となっているその連用形部分を修飾する。
　　激しい＋（雨）漏り
　　楽しい＋（魚）釣り
　　あわただしい＋（旅）立ち
これと似たものに「ミニ＋魚釣り」などの形式があり、修飾成分「ミニ」は後続の形式全体の意味（出来事）を修飾しているように見える。しかしこれは全体の構造が異なる。上の例は
　　楽しく＋魚を＋釣る→楽しい＋（魚）釣り
のような関係があるが、「ミニ魚釣り」は、
　　ミニ＋魚釣り→ミニ魚釣り
である。これは、先に複合語「魚釣り」が1個の名詞として存在し、それに接頭辞としてのミニが前接したものであり、全体の構造は「接頭辞＋複合名詞」である。
　また「形容詞連用形＋動詞述語」という構造も名詞化し、動詞述語は連

第3章　命題の範囲とその構造　　45

用形となって複合語の後部分になる。

　　早く＋死ぬ→早死に
　　白く＋塗る→白塗り
この場合も連体修飾成分は後部分の連用形部分を修飾する。
　　残念な＋（早）死に
　　立派な＋（白）塗り
ここにも「大＋安売り」「超＋早死に」などの合成語で、修飾成分が後部分の全体を修飾する形式が見られるが、上の「ミニ魚釣り」と同様に「接頭辞＋名詞」という構造と考えてよい。このような合成語は、大小や程度を表す接頭辞の場合が多いようである。「接頭辞＋名詞」であるから、はじめから合成名詞であり、ここで扱う「修飾成分＋複合語」とはレベルの異なる形式である。

（c）　複合語の前部分

　「修飾成分（連体形）＋名詞」という構造が名詞化して、修飾成分が連用形となって複合語の前部分になる。
　　まとめる＋役→まとめ役
　　逃げる＋場所→逃げ場所
　この複合語にも連体修飾成分が前接するが、それが修飾するのはその連用形部分ではなく、後部分となる名詞である。前部分の連用形は複合語の中での修飾成分であるから、それがさらに修飾されることはない。
　　上手な＋（まとめ）役
　　安全な＋（逃げ）場所

（d）　Ⅰの段階のまとめ

　動詞の連用形は全ての場合に名詞またはその一部として使用される。名詞化した連用形のうち、単純語となったものは、一般の名詞と同じである。複合語の後部分となった形式は「社長訓示」の「訓示」や「長談義」の「談義」と、前部分は「旅人」の「旅」と同じ役割であり、複合語の場合も名詞と同じである。

　動詞の連用形は、複合語の構成や修飾成分との関係において、一般の名詞と同様の職能を有する。従ってこの段階の意味内容は「こと」そのものであると言ってよい。

2.3　Ⅱ（あり方）の段階

　これは、使役や受動の接辞が接続した段階である。これらの派生動詞の連用形は、ことそのものではなく、ことのあり方を表していて、次のような特徴がある。上のⅠの段階とこのⅡの段階は標準語も方言も共通と思われる。

（a）　単純語

　この段階の派生動詞では、その連用形が単独で名詞として使われる例は少ない。使役と受動の接辞は、文中の他の格成分と文法的関係があるからと思われる。

　少ない例の中に「やらせ」があるが、この元の動詞「やらせる」は、辞書によっては下一段動詞として見出し項目となっている。しかしその語源は「やる＋使役」であろう。これ以外で名詞として使われるのは下の例くらいしか思い当たらない。

　　　お呼ばれ　　（接頭辞＋呼ぶ＋受動）
　　　お持たせ　　（接頭辞＋持つ＋使役）
　　　嫌がらせ　　（派生動詞＋使役）
　　　焼け出され　（焼ける＋出す＋受動）
　　　きかされ　　（動詞キカス＋受動）

この「きかされ」は囲碁などの用語であり、キカスは「凄みを利かせる」と同じ意味の動詞である。この世界では、相手に軽く圧力をかける手で機敏に儲けることを「きかし」といい、その「きかし」に怯えて受身になり、相手に稼がれることを「きかされ」という。ただし、連用形がキカシであるから、動詞は下一段のキカセルではなく、サ行五段のキカスという動詞に受動の接辞が接続した kikas-are である。元のキカスは、近畿方言の使役の形 kik-as-u かもしれない。

　このように例が少なく、辞書で古語的なものを探しても「囲われ」「謂れ」など若干増える程度である。

　これらには、Ⅰの段階と同様に、連体修飾成分が前接する。

　　　悪質な＋嫌がらせ

不愉快な＋きかされ

　この段階の連用形には、「焼け出され」や「囲われ」のように、行為や変化そのものではなく、その結果である境遇やそうなった人などを表す例が含まれる。この意味の連用形に前接した連体修飾成分が修飾するのは、連用形の意味そのものではなく、形に現れていないその状態になっている人や境遇である。

　　　気の毒な＋（焼け出され）の《人》

他の例も、「嫌がらせの《行為》」とか「きかされの《手》」という意味であったものが、使用されている間に後続の名詞が省略され、連用形だけで使用されるようになったと思われる。「お呼ばれ」のように接頭辞がつくものは、完全に名詞として認められた形式と考えてよい。

（b）　複合語の後部分

　「格成分＋動詞述語」という構造が名詞化して、派生動詞の連用形がその複合語の後部分になる。この例も多くないし、主格成分と派生動詞の複合名詞は存在しない。

　「泣かせる」や「騒がせる」「狂わせる」なども辞書で下一段動詞とされているが、とりあえず例に入れておく。

　　　人を＋泣かせる→人泣かせ
　　　人を＋騒がせる→人騒がせ
　　　番を＋狂わせる→番狂わせ
　　　虫に＋刺される→虫刺され

　この複合語の表す意味もやはり行為や変化そのものではなく、形に現れない人または物である。使役や受動の派生動詞の意味は、人や物のあり方であり、名詞化するとその結果となる。あり方の結果が指示し得るのは使役や受動の主体、元の文の主格成分である。変形の方式で意味の関係を見ると次のようになる。

　　　Aが＋番を＋狂わせる→番を＋狂わせる＋A→番狂わせ（のA）
　　　指が＋虫に＋刺される→虫に＋刺される＋指→虫刺され（の指）

　このように、元の動詞述語が連体修飾成分となり、それが名詞化する場合には、被修飾成分となっていた元の主格成分が消去される。この複合語の構成法には、主格成分が消去されて指示対象となることが含まれている

ので、主格成分が形として残る「主格成分＋動詞述語」という構造の複合語が存在しないのである。

　この複合語にも修飾成分が前接する。修飾成分が修飾するのは、上と同様の理由で、連用形の主格成分であった人や物である。

　　　信じられない＋（番狂わせ）の《人・出来事》
　　　かゆい＋（虫刺され）の《部分》

また「大＋番狂わせ」「超＋番狂わせ」などのような形式については前に述べた通りである。

　Ⅰの段階でみられた「早く＋死ぬ→早死に」のように、形容詞連用形とあり方の派生動詞が連続して複合語を作る例は見つからない。

(ｃ)　複合語の前部分

　「修飾成分（連体形）＋名詞」という構造が名詞化して、修飾成分が連用形となって前部分になる。例はⅠの段階と同程度に多い。使役や受動の派生動詞は、ことのあり方を表すので、説明する側の修飾成分にはなりやすいのである。

　　　終らせる＋時→終らせ時
　　　斬られる＋役→斬られ役
　　　嫌われる＋者→嫌われ者

　この型の複合語に前接する修飾成分は、Ⅰの段階と同様、後部分の名詞の方を修飾する。

　　　適当な＋（終らせ）時
　　　上手な＋（斬られ）役

(ｄ)　Ⅱの段階のまとめ

　この段階では複合語の前部分となる例は多いが、複合語の後部分や単純語になる例は少ない。使役や受動の派生動詞の表す意味が「あり方」であるから、説明する側の修飾成分（複合語の前部分）としては使われやすい。しかし単独の名詞、あるいは被修飾成分（複合語の後部分）としては使われにくいのである。

　単純語や後部分として使用されている少数の例においても、名詞化した形式に前接している修飾成分が意味的に修飾しているのは、連用形の表す現象ではなく、使役や受動の主格成分となる（形に現れていない）人や物

である。

2.4　Ⅲ（とらえ方）の段階

　この段階はアスペクト接辞（トルの類）が接続した派生動詞である。アスペクトは「ことのとらえ方」であるから、客観的な事実である。トルについては西日本型の方言に限られる。授受の場合もこれと同様に考えることができ、標準語にも適用できる。以下の方言の例は岐阜・愛知県境付近の方言による。

（a）　単純語

　アスペクトや授受の派生動詞連用形が名詞として使用される例は見られない。従ってそれに前接する修飾成分との関係も述べられない。

（b）　複合語の後部分

　「格成分＋動詞述語」や「修飾成分＋動詞述語」という構造が名詞化して、複合語の後部分になることもない。

（c）　複合語の前部分

　「修飾成分（連体形）＋名詞」という構造が名詞化した場合、修飾成分が連用形となり、複合語の前部分として使用される例はある。アスペクトの場合は上のⅡの段階と同程度にある。

　　　聞いトル＋役→聞いトリ役　　　　（聞いている役目）
　　　置いトク＋場所→置いトキ場所　　（置いておく場所）

標準語でも無理に言えば、「置いておき場所」などという例が考えられなくもない。しかしこれは方言形トクを無理に訳したものであって、標準語では1単位の形ではないであろう。

　トルなどの接続した場合、「実現状態の継続」というアスペクトとしての意味が加わる。名詞化した形式は、動詞の意味に加えて、その意味の実現した具体的な状態として捉えている。

　　　見方が悪い　　　　見る方法や見解が悪い
　　　見トリ方が悪い　　見ている態度や姿勢が悪い
　　　置き方が悪い　　　置く方法や設置のし方が悪い
　　　置いトキ方が悪い　保存のし方など状態が悪い

　これらの複合語に前接する修飾成分が後ろ部分の名詞を修飾するという

関係もⅡの段階と同様である。

　　気楽な＋（聞いトリ）役
　　安全な＋（置いトキ）場所
　授受の場合は、どのような動詞でもそうなるわけではないであろうが、例はある。

　　聞いタル＋方→聞いタリ方　　　（聞いてやる態度）
標準語でも「聞いてやり方」といえるかもしれない。修飾成分が前接して連用形でない方を修飾する。

　　上手な＋（聞いタリ）役
（d）　Ⅲの段階のまとめ

　以上のようにⅢの段階の例は、一部の方言の現象として複合語の前部分の場合だけであり、Ⅱの段階より限られる。アスペクト接辞による前部分はまだ容易であるが、授受ではそれも少ない。従ってこの段階は、Ⅲa（アスペクト）とⅢb（授受）の2種類に分けられる。

　方言アスペクトとしてトルとヨルは対比されるが、名詞化できるのはトルだけである。従って［命題］を構成するのはトルだけである。このことについては後に述べる。

2.5　Ⅳ（否定）の段階

　派生動詞によるⅢ段階までの形式に、さらにオプションのタイ（希望）が後続すると全体が派生形容詞となる。派生形容詞は動詞と活用が異なるのでここでは触れない。否定ナイも、形式的には、タイと同様に派生形容詞として処理できる。ただし否定ズの接続した形式が、上に見たⅢ段階までの派生動詞連用形と似た役割を果たす場合がある。

　古い形の残存ではあるが、「物知り」と「物知らず」、あるいは「訳知り」と「訳知らず」とを対比させると、「知らず」は「知り」を否定の連用形ズで否定した形であり、複合語の後部分を構成していると考えられる。ズが接続している形式は、形の上では派生動詞でもないし、派生形容詞でもない。しかし意味的には動詞連用形についての否定と考えられるので、この形式を、命題を構成するⅣの段階と認め、その特徴を派生動詞の段階と同じ基準で見ていくことにする。

（a） 単純語

　ズが動詞型に活用する連用形ではないためであろうか、ズの接続した形が単独で名詞として使われる日常語の例は見当たらない。

（b） 複合語の後部分

　複合形式の後部分となる例は少ない。格成分に後続する例が、下のようにいくつか見られる。ただし限られた動詞であり、全体が1単位として理解されるような慣用表現として残っているものが多い。

　　　恩を＋知らない→恩知らず

　　　向うを＋見ない→向う見ず

　　　土を＋踏まない→土踏まず

　　　土に＋付かない→土付かず　（相撲の全勝）

　　　舌が＋足らない→舌足らず

　この構造はそういう状態の人や事物を意味するので、上のあり方（Ⅱ）の段階と同様の関係にあると思われる。

　　　Aが＋恩を＋知らない→恩を＋知らない＋A→恩知らず（のA）

「舌足らず」の場合は、助詞はガになっているが、主題は人であり、次のような構造であろう。

　　　Aは＋舌が＋足りない→舌が＋足りない＋A→舌足らず（のA）

　これらの形式に修飾成分が前接した場合、否定的状態の人や物を修飾している。これもⅡの段階と同様である。

　　　不愉快な＋（恩知らず）の《人》

　　　立派な＋（土付かず）の《力士》

（c） 複合語の前部分

　複合形式の前部分となる例はほとんどない。古い語形が少数あるが、これらは現代語の例とは言えないであろう。これらの否定を表す部分は、連体形のヌではなく、連用形のズである。従ってこれらは、「連体修飾成分＋名詞」ではなく、1個の複合語であることが分かる。

　　　ならない＋者→ならず者

　　　へらない＋口→へらず口

　　　行かない＋後家→行かず後家

　　　分からない＋人→分からず屋

足らない＋前→足らず前（不足の分）
　　生まない＋女→生まず女
　これらの複合形式に連体修飾成分が前接した場合、修飾されているのはⅡの段階と同様に後部分と思われる。
　　いやな＋（ならず）者
（d）　Ⅳの段階のまとめ
　ズの接続した形式が単独で名詞化することはない。複合語の例がいくつかあるが、古語の残存というべきものばかりである。これらの形式は、現代語としては生産性のある語構成法によるものではない。

3　名詞化についての補足

　動詞だけの形式や使役と受動の派生動詞については、渡辺説の素材、南説のＡ、佐治（1989）のＡⅰとＡⅱなどにも合致しているので、問題はないと思う。アスペクトと否定の名詞化について少し補足しておく。

3.1　アスペクト

　実現状態を表す方言形のアスペクト接辞トルやトクは、上のように名詞化できるので、「命題」を構成していると考えられる。佐治（1991）などは標準語形テイルを客観的内容の中に入れているので、この点では方言も標準語も同様に考えてよいかもしれない。
　ただし南説では1993年になっても、
　　なお、補助動詞のうち～（テ）イル、～（テ）オク、～（テ）イク、～（テ）クル、～（テ）シマウなどについては、よくわからない。（南1993 p.87）
としている。ここで保留されているのは動詞の意味に関係しているのではないか。
　　山がそびえテイル。
　　山が高い。
これらはともに静的な状態を表していて、客観的な事実である。従ってこのような動詞に接続したテイルは、「高い」と同様に、南説で言えばＡを

構成する要素とみなすことができる。しかし動作や変化を表す動詞に接続した場合、例えば
  山が崩れテイル。
では、テイルで表されている意味が
  以前に山崩れがあって、今荒れた状態になっている＝客観的な描写
  目前で山が崩れる最中であるのを見ている＝主観的な目撃情報
のどちらであるかが不明である。真意は南氏本人に確かめなければ分からないが、動詞の意味によって異なるためにテイルをAと断定していないのではないか。
　しかし西日本型方言の多くでは、実現している状態の客観的描写を「崩れトル」、現場での主観的な目撃情報を「崩れヨル」で表し、上の意味の相違を形式で表現し分けている。このような方言のトルは、実現アスペクトという客観的な状態を表していて、前述のように複合語の前部分となって名詞化する。従ってこれを[命題]を構成する形式であると認めた。
　一般にトルとヨルは完了と進行を表す一対の形式として扱われることが多い。しかし客観的なアスペクトを表す形式として名詞化できるのはトルだけであり、ヨルの接続した形式は名詞化できない。また第5章で述べるように、ヨルにはトルと異なる文法的特徴があり、その意味は主観的である。トルとヨルは文法的職能も意味も異なっていて、トルの方だけが客観的な[命題]を構成する接辞なのである。ヨルはトルと一対にして論じられるべき形式ではない。
　標準語形テイルは名詞化できるとは言えないので、名詞化という基準では、トルと同様の客観性があるかどうか分からない。また南説の基準を適用すると、トルは〜ナガラの句に現れる。
  テレビを見トリナガラ、コーヒーを飲む。
これは、チラッチラッとテレビを「見ながら」はなく、テレビをじっと見つめながら別の行動をするという意味である。この〜ナガラは逆接の意味ではない。これなら標準語のテイルも現れるような気がするが、逆接の意味になるようなので、不明である。文法的には分からないということになるだろう。しかし個々の文の意味を見れば、テイルは接続する動詞によって、客観的意味を表したり表さなかったりする。動詞によって左右される

両方のテイルを統一的に説明するには、〜ナガラや名詞化などよりさらに射程大の基準が必要であろう。

3.2　否定

　南説では、否定ナイは判断を含む要素であるとして、Bの要素としている。南氏以外でも否定は判断を含むとされることが少なくない。しかし否定ナイは、金田一（1953）などでは客観的表現の中に含まれているし、渡辺説ではどちらでもなく「二重性格」があるとしている。このように説は分かれているが、いずれも否定という概念を等質的な1種類のものと考えてのことである。筆者の見解では、否定は、その全部がどちらか一方、あるいは二重性格としてまとめられるものではなく、客観的否定と主観的否定という2種類に分類されるべきものである。2種の否定とそれについての諸説は以下のようである。

(a)　客観的否定

　客観的否定は次のようなものである。

　　　同一平面上の平行線は交わらない。

　　　新幹線「のぞみ」は熱海に停まらない。

これらは定理またはある時期の社会公認の事実である。否定までを含めた内容を一般化して事実として表現しているから、ナイで表されていることは話し手の判断や心情に関係がない。否定の意味を含めた「交わらない」や「停まらない」全体が伝えられる客観的事実である。

　南説の基準では、このようにナイのついた形式は〜ナガラの句に現れないので、Aではないことになる。しかし逆に考えれば、継続の〜ナガラは動詞の連用形につく接続助詞とされている。動詞だけにつく助詞を基準とすれば、ナイがそこに現れないのは当然である。もっと広く使われる形式を基準にすれば、別の答えが得られるのではないか。しかし〜ナガラを基準とした以上、否定はBであり、南説に矛盾はない。

　渡辺説の基準によれば、

　　　犬が吠えない。

は、「犬が吠えるコト＋ない」であるから、とりあえずナイは述語の外であるとする。

この場合、「犬が吠える」という命題が存在するので、その否定は命題の外といえる。しかし「平行線が交わる」という命題は存在しない。連体修飾成分の構造にすると、「吠える犬」と「吠えない犬」の両方があるが、「交わる平行線」と言えない。従って平行線の場合は、ナイの接続した全体を1個の意味単位として、ナイを命題の中に置くべきである。

　×同一平面上の平行線は交わるコト＋ない。

　同一平面上の平行線は＋交わらない。

しかしこれは誤りであって、問題はナイではなく、助詞であろう。「は」は主題を表し、文末まで支配するので、ナイを除いた命題を考えることができないだけである。

　夏は雪が降らない。

の構造は、[夏は[雪が降るコト]ない]であるが、これと同様に考えると、

　[平行線は[線が交わるコト]ない]

ということになり、否定は「交わる」の外にある。この点では、渡辺説は合理的である。

　定理や社会公認の事実は「は」で言うことになるから、標準語のナイだけを見て、否定を客観と主観に分けることは難しい。敢えて言えば、「だろう」などが基準となるかもしれない。客観的な否定にこれを付けると、不自然になるか、無知となるからである。

　金田一説では、否定は客観的であり、根拠の一つは肯定で言い換えられるとしている。分かり易い例でいうと次のようになる。

　形が変わっても、三角形の内角の和は変わらない。

　形が変わっても、三角形の内角の和は一定である。

定義などに用いられた否定ナイは、肯定で言い換えられるので、客観的ということになる。この点では問題ない。問題は、後述のように別のところにある。

（b）　主観的否定

　次に主観的な否定を見てみる。

　梅雨なのに雨があまり降らない。

　この遅れでは列車が定刻に着けない。

のような文では、話し手が過去の降雨データや列車の遅れている現状を勘

案し、「雨が沢山降る」「定刻に着く」という命題、期待あるいは予想される当然の事実を、自分の主観で否定している。個別のことについての話し手の判断による否定は、文字通り主観的な［判断］であって、客観的な［命題］の中には入らない。渡辺説で言えば「降るコト＋ない」である。しかしこれも金田一説のように考えれば、

　梅雨なのに雨が少ない。
　この遅れでは列車が定刻より遅れる。

と否定のナイを使用せずに表現できる。従って肯定で言い換えられるか否かは客観的否定か主観的かを区別する基準にはならない。しかし金田一説では両者を客観的として区別していないのであるから、その点で矛盾があるわけではない。

　標準語で否定といえば、ナイだけであるから、2種類の否定を形式で表現し分けることはできない。しかし上のように、意味的には2種類あり、そのうち客観的否定は［命題］を構成し、主観的否定は［判断］を構成する形式である。

　学校文法では、否定のナイとは別に、ヌという助動詞を認定して、

　　○・ず・ぬ・ぬ・ね・○

と活用させている。しかし述べられているのは形の問題だけであって、ナイとヌの意味や職能の相違については触れられていない。上述のようにこのズが名詞化に関係しているが、単純にこちらの活用の否定が客観的であるとも言えないであろう。ズやヌは単に古い形であるに過ぎない。学校文法では、否定が客観的か主観的かについて触れていない。2種類の否定を区別しないか、区別しても、具体的な個々の文のエティックな意味ということになる。

　西日本型方言の多くには、否定を表す形式にンとセン〜ヘンという2種類の形式があり、方言によっては、ンを客観的否定、センを主観的否定として使い分けている。そういう方言では、平行線は「交わらン」し、遅れた列車は定刻に「着けセン」のである。方言の2種の否定についての詳しいことは章を改めて述べる。

4 命題の範囲

　動詞述語を構成する形式で、形式の意味が客観的な対象として把握できるか否かを名詞化との関係で見てきた。この基準で見ると、動詞から客観否定のズまでの構造を［命題］として認めることができ、その職能の相違によって4段階に分けることができる。
　Ⅰ（こと）の段階は、核となる動詞だけの構造であり、職能は一般の名詞とほぼ同様である。
　Ⅱ（あり方）の段階は使役と受動の派生動詞で、主に複合語の前部分として使用され、後部分を修飾する。
　Ⅲ（とらえ方）の段階は授受とアスペクトの派生動詞で、複合語の前部分としてだけ使用される。授受では例が少ないが、アスペクトでは比較的多い。この相違により、この段階はⅢaとⅢbの2種類に分けてもよい。
　Ⅳ（否定）の段階は現代語としては生産性の乏しい形式で、複合語をなすとはいうものの、古い語の残存形式が見られるだけである。
　客観性の程度には以上のような段階があるが、いずれも名詞または名詞を構成する形態素という共通の文法的職能を持っている。この段階までが［命題］の範囲である。方言を含む日本語を記述するための述語構造のモデルを考えると、命題を表す範囲とその構造は次のようになる。
　　　動詞＋使役＋受動＋授受＋トル・トクなど＋客観否定（ズ）
　［命題］は合計6枠の枠組みとなり、この順序で連続させれば、複数の接辞が共起させられる。なお標準語と方言のテイルとトル、テオクとトクあるいはナイとン・センでは異なる部分があるので、その点は名詞化よりもっと強力な基準を設けることによって解決しなければならない。
　上の6枠の構造に、マス、タ～ダ、あるいは上で見た方言形のヨルやセンなどが接続した場合は、名詞あるいは名詞の一部にならない。従ってこれらの形式は、［命題］を構成する形式と異なる種類であり、［命題］の外の［判断］を構成する形式ということになる。

第4章　動詞の活用

　［命題］部分の核となるのは動詞である。動詞は活用する。活用して姿を変えた個々の形式が「活用形」であり、それらの一覧表が「活用表」である。しかし記述文法での活用形は、一覧表を作るための項目ではなく、動詞述語の構造を説明するためのそれぞれの段階の形式である。
　このような視点から、本章では、活用を主に形態的な面から見る。

1　活用形の構造

　ここでは学校文法の活用表を例にして、活用形の構造を考える。以下では「五段活用」「上一段活用」「未然形」「連用形」「語幹」「語尾」など、差し支えのない限り学校文法の用語をその概念で用いる。

1.1　語幹と語尾の分割
　動詞述語は動詞の活用形にいろいろな形式が接続したものであり、それぞれの段階で職能を有する。そういう構造のうちのどの段階のものを活用形とするかは、単に形態論だけではなく、構文論にまで関係してくる問題である。印欧語の活用表のように文成分となり得る段階の形式だけを活用形とするか、あるいは学校文法のように文成分の一部分のものまでも含めるか、従来の説も分かれている。
　活用形をどの段階のものと考えるにしても、その形式を、動詞の辞書的意味を表す部分と用法や文法的意味などを表す他の部分とで構成されるという点では共通である。学校文法ではこれを語幹と語尾としている。学校

文法の活用は最もよく知られた「文法」そのものであるが、仮名表記では、第1章で触れたように、語幹と語尾など、動詞の構造や活用の説明に不十分なところが出てくる。

　まず五段活用における「書く」と「貸す」との語幹は「書」と「貸」の部分である。しかし話しことばでは漢字を話すわけではないから、語幹のカという音連続だけでは意味の区別ができない。活用語尾のカ・キ・クなどやサ・シ・スなどまで進んで初めて区別できるようになる。意味の区別ができなければ、「書」と「貸」という語幹は一定の形式と一定の意味という形態素の条件を満たしていない。「刈る」のラ・リ・ル、「噛む」のマ・ミ・ムなどにおいても同様である。この問題点を解決するためには、音素表記またはローマ字表記にすればよい。そうすると五段活用の場合は表4-1のようになる。

表4-1

	語幹	未然	連用	終止	連体	仮定	命令
書く	kak-	a	i	u	u	e	e
貸す	kas-	a	i	u	u	e	e
刈る	kar-	a	i	u	u	e	e

　このように分割すれば、語幹だけで動詞の意味の区別ができるし、語尾が全ての動詞でa、i、u、eに統一されるので、活用が1種類となり、活用表全体も整然としたものになる。また語幹も語尾も、意味の区別のできる最小単位という形態素の原則に合う。上のような五段型動詞の分割については、諸家の意見もほぼ一致しているようである。

　問題は五段活用以外の動詞である。上一段と下一段の全体が短い動詞、サ変やカ変の場合、学校文法の活用表では、下のように、接続関係を表す語尾だけでできていて、語幹がなくなってしまう。動詞としての意味も職能も全て語尾部分が担うということになる。

表 4-2

	語幹	未然	連用	終止	連体	仮定	命令
上一段 見る	―	ミ	ミ	ミル	ミル	ミレ	ミロ
サ変 する	―	シ	シ	スル	スル	スレ	シロ

　これでは不自然であるから、これらも語幹と語尾に分割しようと考えるのは当然である。しかしこれらの動詞の分割については意見が分かれる。
　橋本（1934）や阪倉（1957）の考え方に従って学校文法の活用表を書きかえると表4-3のようになる。これは、五段型動詞と同様に、形の共通する部分を語幹として取り出し、残りを語尾とする分割法である。この方法では語幹部分が m-（見る）や tab-（食べる）などのように子音で終るので、「子音式分割」とする。

表 4-3

		語幹	未然	連用	終止	連体	仮定	命令
上一段	見る	m-	i	i	iru	iru	ire	iro
下一段	出る	d-	e	e	eru	eru	ere	ero
サ変	する	s-	i	i	uru	uru	ure	iro
カ変	来る	k-	o	i	uru	uru	ure	o'i

この分割法の特徴は以下のようである。
　　① 同じ分割法で分割できているので、活用の型は1個である。
　　② 語尾の形が異なるので、活用の種類は4個である。
　次にブロック（1946）や南（1962）の分割法によって学校文法を書きなおすと表4-4のようになる。こちらは語尾の部分をできるだけ共通にしようとする考え方であるが、その代わりに未然形と連用形にφという語尾を認めることになる。語幹が mi- や tabe- などのように母音で終るので、この分割法を「母音式分割」とする。

表 4-4

		語幹	未然	連用	終止	連体	仮定	命令
上一段	見る	mi-	ϕ_1	ϕ_2	ru	ru	re	ro
下一段	出る	de-	ϕ_1	ϕ_2	ru	ru	re	ro
サ変	する	si/su-	ϕ_1	ϕ_2	ru	ru	re	ro
カ変	来る	ko/ki/ku-	ϕ_1	ϕ_2	ru	ru	re	'i

この特徴は以下のようである。
 ① 同じ分割法で分割できているので、活用の型は1個である。
 ② 語尾の形がほぼ同じなので、活用の種類も1個である。
 ③ サ変とカ変で語幹が2種類以上ある。
 この両者を折衷した分割方法もある。これは佐久間(1952)、佐治(1989)、大西(1994)などである。それぞれの説の小異を捨てて学校文法に適用すると表4-5のようになる。これを「折衷式分割」とする。

表 4-5

		語幹	未然	連用	終止	連体	仮定	命令
上一段	見る	mi-	ϕ_1	ϕ_2	ru	ru	re	ro
下一段	出る	de-	ϕ_1	ϕ_2	ru	ru	re	ro
サ変	する	s-	i	i	uru	uru	ure	iro
カ変	来る	k-	o	i	uru	uru	ure	o'i

これらは、共通する部分をできるだけ大きく取って語幹としている。その結果、上一段・下一段とサ変・カ変では、分割する位置が異なって別のグループとなっている。
 ① 異なる位置で分割されているので、活用の型は2個である。
 ② 語尾の形が異なるので、活用の種類は2～3個である。
 分割する位置が異なってくると、結果は単に語幹や語尾の形の相違だけではなく、活用の型と種類に関係してくる。子音式と母音式の場合は、同じ位置で分割しているので、活用の型が1個である。しかし折衷式では2個である。活用の種類は、子音式では上一・下一・サ変・カ変の4種であ

るが、母音式では全部が同じ種類となる。ただしその代わりにサ変とカ変の語幹が不規則となる。折衷式の場合は活用の種類も一段と変格の２種類ということになる。

　以上のように長所短所いろいろであるが、日本語動詞の活用体系としてはどの分割が最適であろうか。この場合、活用形の具体的な姿も重要であるが、問題は、どの位置で分割すると、

　　最少の説明で最大のメリットが得られるか、

　　記述文法として全体が首尾一貫するか、

ということに単純化される。以下では五段型以外の動詞について、対立のはっきりしている子音式と母音式とを比べて、その妥当性を検討する。

1.2　異形態の数

　子音式分割も母音式分割も一つの基準で全ての動詞を分割している。その点での矛盾はない。そこで説明の簡潔さが問題になってくる。これを異形態の数で比べる。

　子音式分割は形の一致する部分を語幹とするという考え方を通しているので、全ての動詞で語幹は１種類である。しかし語尾の形が活用ごとに異なり、学校文法と同様に４種類の活用となる。これらの語尾は動詞の種類ごとに相補分布の関係にあるので、同一形態素の異形態であり、全てが同じ型の活用をしていることになる。

　母音式の場合は、カ変命令形を除けば、語尾部分が共通であるから、全ての動詞で活用の型も種類も同じである。この点では子音式より簡潔である。その代わりφという語尾を認めなければならないし、サ変とカ変では複数の語幹を認めることになる。

　サ変やカ変の動詞を分割する以上、語幹と語尾の一方を単純にすれば他方が複雑になるので、どちらかが複雑になるのは避けられない。活用表だけを見ていると、どちらの分割法でも、簡潔さはそれほど変わらないように見える。ところが分割された形式を文法的な単位として捉え、関係する他の形式まで目をやると、異形態の数が問題となってくる。

　まず語幹について見ると、子音式分割の語幹は全部に共通の１種類である。しかし母音式分割によるとサ変・カ変の語幹が複数になる。

	サ変	カ変
子音式	s-	k-
母音式	si-～su-	ko-～ki-～ku-

この点では子音式の方が単純である。しかし母音式の語幹は活用形ごとに相補分布をなす異形態である。現代日本語には他にも「言う」のように複数語幹の動詞がある。

	語幹	未然	連用	終止
書く	kak-		kaka	kaki	kaku
言う	'iw-～'i'-～'ju'-	'iwa	'i'i	'ju'u

サ変とかカ変というと他の動詞とは異なる特別の形式のように見える。しかし語幹に異形態があるのは特別の現象ではなく、母音式の方が複雑というわけでもない。

次は語尾である。終止形や命令形は文の述語となる形式であり、既に述べたように、「書く」の終止形語尾の意味と職能は下のようである。

　　　kak-u の -u　意味　叙述
　　　　　　　　　　職能　[態度]を構成し、文を成立させる。

五段型動詞の終止形語尾は、この -u という１種類で全てに共通である。五段型以外の語尾は分割方法によって異なる。母音式分割では、全ての動詞で -ru であるが、子音式では相補分布をなす異形態のグループとなる。

　　見る -iru、　出る -eru、　する・来る -uru

これに五段型動詞の語尾を加えると、次のようになる。

子音式	-u～iru～eru～uru
母音式	-u～ru

叙述で文を成立させる形式の異形態が４個と２個である。他の形式の異形態が ta～da（過去のタ）など少数に過ぎないことを考えると、語尾に関しては母音式分割の方が簡潔であろう。

語幹と語尾のどちらの複雑さを取るかであるが、これだけでは結論が得られない。

1.3　可能動詞の場合

語幹と語尾の分割は、派生動詞の分析とも関係してくる。文法的説明は

単純動詞と派生動詞との間にも首尾一貫性が要求される。

　五段型動詞「書く」や「読む」には、それぞれに対応して下一段活用の可能動詞「書ける」や「読める」がある。この一対を子音式と母音式で分割すると次のようになる。ここで問題となるのは語尾の形と可能を表す部分である。

	書く	書ける
子音式	kak-u	kak-eru
母音式	kak-u	kake-ru

　まず語幹部分であるが、子音式分割では、五段型動詞と可能動詞の語幹は共通の kak- である。従って可能という意味は、語幹で表されているのではない。母音式分割では、語幹そのものが異なっていて、kak- と kake- である。可能動詞の kake- は、「書く」の意味の kak- に可能を表す接辞 -e- の接続した形式 kak-e- と考えてよいから、語幹自体が2個の単位からなる派生動詞になっている。

　次に語尾を見ると、子音式では、両者は異なる語尾 -u と -eru によって区別されている。従って可能の意味は語尾で表されていることになる。終止形語尾の本来の意味は叙述であるから、d-eru（出る）の語尾 -eru は叙述だけを表している。ところが可能動詞の終止形語尾 -eru は可能をも表しているから、d-eru の語尾と同形でありながら、可能と叙述という二つの意味を表すことになる。これは1形式1意味の形態素の定義に反していて、分析的な説明とは言えない。母音式では、意味の区別は語幹で表されているから、その語尾は「出る」の語尾 -ru と同形であり、意味は叙述だけである。こちらに矛盾はない。

　可能動詞は、単純な五段型動詞とは別の意味を持つ形式であるから、その可能という意味を表す形態素を含み持つべきである。下の分割を比べると、母音式分割では可能を表す接辞 -e- で説明できる構造であるが、子音式分割では可能を表す部分が説明できない。1形式1意味の連続する膠着語としては、母音式分割の方が合理的である。

子音式	kak-eru	書く＋	可能と叙述
母音式	kak-e-ru	書く＋可能＋叙述	

1.4 使役と受動

可能動詞と同様のことは使役や受動の派生動詞にも当てはまる。使役の場合の構造を子音式分割と母音式分割で見ると、次のように異なる。

  子音式 kak-as-eru 書く＋使役＋叙述
  母音式 kak-ase-ru 書く＋使役＋叙述

使役の派生動詞の場合は、子音式分割でも使役の接辞として -as- という形式が分離できるので、使役の意味は接辞によって表されている。従って語尾は、叙述だけを表していて、2個の意味を表すことはない。そうするとますます同じ語尾 -eru で可能と叙述の2個の意味を表す可能動詞の矛盾が目立ってくる。

派生接辞では異形態の数が問題となる。分割法の相違による異形態は次のようである。サ変はサセルという例外であるから除く。

     書かせる 見させる 出させる 来させる
 子音式 kak-as-eru m-isas-eru d-esas-eru k-osas-eru
 母音式 kak-ase-ru mi-sase-ru de-sase-ru ko-sase-ru

子音式分割の場合、使役を表す異形態は -as-〜-isas-〜-esas-〜-osas- という4個が必要となるが、母音式では -ase-〜-sase- の2個である。この点に関しても母音型分割の方が簡明である。

学校文法の扱いにも触れておく必要がある。学校文法で使役を表す形式は、動詞の未然形に接続するセル・サセルという助動詞である。助動詞は活用するので、分割法の相違による異形態は次のようになる。

     書かせる   見させる   出させる
 子音式 kak-a-s-eru m-i-sas-eru d-e-sas-eru
 母音式 kak-a-se-ru mi-ϕ_1-sase-ru de-ϕ_1-sase-ru

助動詞に当たる部分の異形態は、子音式分割では -s-eru〜-sas-eru の2種類、母音式分割でも -se-ru〜-sase-ru の2種類であり、この数での優劣はない。しかし派生動詞と考えるか、動詞＋助動詞とするかによって、全体の要素の数が異なってくる。使役は受動と共起して使用されるので、両方接続した形式を助動詞として分割すると、その構造は6個の要素からなる複雑な構造である。

```
              書かせられる              見させられる
    子音式    kak-a-s-e-rar-eru       m-i-sas-e-rar-eru
    母音式    kak-a-se-$\phi_1$-rare-ru    mi-$\phi_1$-sase-$\phi_1$-rare-ru
```

これらを1個の派生動詞 kak-ase-rare-ru と比べると、下のように要素の数が2個多い。

　　助動詞　　語幹＋未然形語尾＋使役＋未然形語尾＋受動＋語尾
　　派生動詞　語幹＋使役接辞＋受動接辞＋語尾

助動詞やその活用という現象については別の議論が必要であるが、要素の数から見ても助動詞説は排除される。使役の表現は派生接辞による派生動詞と解釈するのが妥当であり、その語幹と語尾は母音式で分割される方が簡潔である。

1.5　他の接辞との関係

　ここで標準語から離れ、方言形の例によって接辞と分割法の関係を比べる。西日本型方言のトル・ヨルのうち、ヨルを例にする。岐阜県土岐市・愛知県犬山市、近畿以東では岡山市などで、ヨルの具体的な形式がヨールである。この接辞の接続した形式は五段型の派生動詞となるので、それを子音型と母音型で分割すると、次のように異なる。

```
              カキョール       ミヨール        デヨール
    子音式    kak-joor-u       m-i'joor-u      d-e'joor-u
    母音式    kak-joor-u       mi-'joor-u      de-'joor-u
```

このように、ヨルに当たる部分の異形態が -joor-〜-i'joor-〜-e'joor- の3種か -joor-〜-'joor- の2種かという選択によってでも、分割法は母音式が妥当であることが確認できる。

　このヨールを連用形に接続する助動詞と考えれば、子音式での異形態の数は減る。しかし上の使役表現で見たように、助動詞を認めると、動詞部分全体の説明が簡潔でなくなる。

1.6　言語変化との関係

　文法の体系的記述と言語変化とは直接の関係はないが、変化は体系内の一部の不均衡から始まるものである。その動きと分割法の相違とについて

触れておきたい。

　サ変に当たる動詞を学校文法で活用させると、愛知県西部では表4-6のようになる。広い地域でサ変（あるいは二段）活用であるが、犬山市から岐阜県側にかけては、サ行上一段の活用をしている。

表4-6

	未然	連用	終止	連体	仮定	命令
瀬戸市	セ	シ	セル	セル	シヤ	セヨ
稲沢市	セ	シ	セル	セル	シヤ	セヨ
犬山市	シ	シ	シル	シル	シヤ	ショ

犬山市の一段活用を言語変化の結果とすれば、サ変から上一段への類推変化と解釈される。この変化を説明するために、矛盾の少ない形式的単位はどの分割法によるものであるか。

　子音式分割で考えると、変化は語尾の部分に起き、語尾が「見る」などの上一段動詞と同じ形式に変化している。

表4-7

	語幹	未然	連用	終止	連体	仮定	命令
上一段	m-	i	i	iru	iru	i'ja	i'jo
旧サ変	s-	e	i	eru	eru	i'ja	e'jo
サ一段	s-	i	i	iru	iru	i'ja	i'jo

　母音式分割では、語尾はもともと同じであるから、サ変の一段化で活用の種類は変化していない。動きがあったのは語幹の方である。相補分布の関係にあった2個の語幹から se- が消失したので、「見る」と同じ語幹だけになったのである。

表4-8

	語幹	未然	連用	終止	連体	仮定	命令
上一段	mi-	ϕ_1	ϕ_2	ru	ru	'ja	'jo
旧サ変	si/se-	ϕ_1	ϕ_2	ru	ru	'ja	'jo
サ一段	si-	ϕ_1	ϕ_2	ru	ru	'ja	'jo

　表4-7と4-8を比べれば、複数の語尾が変化したと考えるより、語幹の一方が消失したと考える方が蓋然性が高いように思われる。しかしどちらであっても、子音式分割では語尾がエ段ではなくイ段に統一されたこと、母音式では se- というエ段の語幹が消えて si- だけが残ったこと、即ち「出る」のような下一段ではなく、「見る」のような上一段の方に変化した理由が説明できない。当方言だけでは、子音式と母音式のどちらが上一段化を簡潔に説明するのか分からない。飯豊（1998）によれば、東北・関東地方には広くサ変・カ変の上一段化現象が見られるという。これらと共通することがあれば、ある程度のことは言えるかもしれない。

1.7　折衷式分割

　最後に折衷式分割を簡単に見ておく。
　子音式と母音式の終止形語尾の異形態を比べたように、折衷式の語尾を見ると、五段型動詞の語尾を加えた異形態の数は次のようになる。

　　子音式　　-u～-iru～-eru～-uru
　　母音式　　-u～-ru
　　折衷式　　-u～-ru～-uru

また使役の派生接辞の異形態は次のようである。

　　子音式　　-as-～-isas-～-esas-～-osas-
　　母音式　　-ase-～-sase-
　　折衷式　　-ase-～-sase-～--osase-

このように両者の中間であり、文字通り折衷式である。しかし折衷式では上で見たサ変の一段化の説明ができない。表4-9のように上一段とサ変では語幹も語尾も形が異なるので、上一段への類推変化と解釈することができないのである。

第4章　動詞の活用　　69

表4-9

	語幹	未然	連用	終止	連体	仮定	命令
上一段	mi-	ϕ_1	ϕ_2	ru	ru	'ja	'jo
旧サ変	s-	i	i	uru	uru	i'ja	e'jo
サ一段	s-	i	i	iru	iru	i'ja	i'jo

　サ変の一段化をサ変内部における単純化の変化とするより、上一段との関係と見る方が自然である。このことからもこの方言において、折衷式分割は妥当でないことが分かる。

1.8　活用形の形と活用の種類

　以上見てきた範囲では、五段型以外の動詞の記述には母音式分割法が妥当である。ただしそれぞれの分割法は、対象となった方言の具体的な事象を合理的に記述するための方法であって、学校文法の活用形や愛知県のサ変一段化を説明するためのものではない。その妥当性は記述した文法体系の一貫性によって問われるべきである。鹿児島県頴娃町方言のように、動詞を標準語とは異なる基準で2種に分類し、終止形の語尾だけを見ても下のように異形態の多い方言では、上述の3方式などより複雑な仕組みを考えなければならないだろう（柴田1959）。

　　母音動詞　ki-Q（聞く）　ku-N（汲む）　ni-J（煮る）　'ju-ϕ（言う）
　　子音動詞　'ag-uJ（明ける）

しかし標準語や本州中央部などの諸方言に適用した場合、五段型以外の動詞の分割には母音式の方が簡潔で首尾一貫している。

　ここでは、五段型動詞では形の共通する子音までを語幹とし、他の型では母音式で分割し、標準語を例にしてまとめる。語幹は

　　五段型の動詞　kak- など
　　他の型の動詞　mi-、de- など、si/su-、ko/ki/ku-

となり、語尾は次のようになる。

　　五段型　　　a　i　u　u　e　e
　　その他型　ϕ_1　ϕ_2　ru　ru　re　ro（'i）

これらを組み合わせた形式が活用形であり、その一覧表が学校文法式の活用表である。ただし一覧表の枠組みが学校文法と同じでよいか否かは次に考えることにする。

　また動詞の活用の型は、語尾の相違によって、五段型活用とその他型活用の 2 個となる。語尾が共通であるから、五段型活用をカ行五段とかサ行五段などに分ける必要はないし、その他の型を上一段や下一段などと分ける必要もない。

2　活用表の枠組み

　学校文法は古典文法の枠組みに現代語を当てはめたものであるから、現代標準語に合わない部分があるし、そのまま諸方言の記述に適用しても、収まらない事象が多い。規範的な枠組みとして固定されていて、記述的モデルとしては柔軟性に欠けるのである。

2.1　枠と形態の不一致

　学校文法の活用表の形態論的な問題は、活用形という枠と実際の形態が一致していないことである。この不一致は、現代語の活用形が古典語の活用形という枠の用法をそのまま引き継いだために生じたものである。まずこれを解決しなければならない。動詞の例は「書く」とする。

　未然形という枠には、古典語の用法を受け継いだカカとカコの 2 個の形式が当てられている。古典語以来の活用形は形態の相違によって分けられたものであるから、未然形に 2 形式あるのは当然原則違反である。そこで原則に従ってカカとカコとを別の活用形に分けて、カカを従来通りの未然形、カコを「志向形」とする。

　連用形にもカキ・カイの 2 個の形式がある。古典語では「たり」などが接続した場合、ある時代にはカキとカイとは自由変異の関係にあったかもしれない。しかし現代語のカキとカイは、全く別の形として固定され、カキ＋ナガラ、カイ＋タのように役割を分担している。これも分けられるべきであるから、カキを連用形、カイを「音便形」とする。

　反対に現代標準語では全ての動詞で終止形と連体形が同形であるが、古

典語と同様に活用表では別の枠になっている。この場合は、上の2例とは逆に、枠を統合すればよいように思われる。しかし既に述べたように、終止形の語尾 -u は文成立形式であり、連体形の語尾は「陳述」の機能を持たない。終止形と連体形は、見かけは同形であっても、別の形態素によって構成されているのであり、全体の構造が異なっている。終止形は、kak- に文成立形式-uが直接接続したものであるから、動詞部分は kak- だけであり、終止形という活用形は不要である。

2.2　活用形の職能

動詞の活用表は活用形（形態素の連続）の一覧表であるが、学校文法の活用表は、各活用形の職能については考慮せず、動詞部分の仮名書きで形の異なるものを集めて並べたものである。従って各活用形は文法的に同等ではない。終止形や命令形などは文成分になる形式であるが、未然形などは文成分になり得ない。

まず「未然形＋ナイ」全体が文成分であるから、未然形は文成分の部分であり、未然形 kak-a の -a は、ナイを接続させるだけの接着剤のような役割の形態素である。

連用形は職能で見ると2種類に分けられる。タイやマスを後続させる場合は、カキタイやカキマス全体で文成分であるから、このカキは文成分の部分である。しかし中止法として使われた場合、

　　　手紙を書き、ポストに入れる。

のカキ（話しことばではカイテ）は従属文を成立させて中止している。この連用形は文成分であり、渡辺（1971）の用語では「統叙・展叙」である。マスなどを接続させるだけの連用形とは別のものとなる。

仮定形は文成分となり得る形式である。ただし形態素に分割するし方は少し訂正しなければならない。kak-e-ba と分割すれば、仮定形はkak-e- であり、文成分の部分となる。しかし現代語の -ba は独立した形態素と認められないから、kak-eba と分割した方がよい。そうすると仮定形は、終止形や命令形と同じように kak- に直接 -eba が接続した形式となる。-eba の意味は仮定、職能は従属節を成立させることである。方言では仮定形が kak-ja や kak-jaa となる地域も多いので、この分割方法は方言をも統一

的に説明できる。

　未然形から分離した志向形も文成分である。これを kak-o-o と分割するか、kak-oo とするかは問題であるが、標準語では上の仮定形と同様に考えて、kak-oo となる。

　以上のように、学校文法を改良した活用表では、終止形、命令形などの文成分グループと、未然形、連用形、音便形などの非文成分グループとに分けられる。

2.3　単語の部分としての活用形

　非文成分グループについて、単語を作る「形態論」の立場で考える。このグループの活用形には他の形式が接続して文成分を構成する。終止形や命令形を構成する kak- は、上述のように、文成分を構成する動詞部分であるから、1個の活用形「語幹形」として認めなければならない。そうすると非文成分グループの活用表は表4-10のようになる。

表4-10

	語幹形	未然形	連用形	連体形	音便形
書く	kak	kaka	kaki	kaku	ka'i
見る	mi	mi	mi	miru	mi

　これらが文成分となるために、五段型動詞の場合、各活用形に接続する形式は以下のようである。

　　語幹形　-u（叙述）、-e（命令）、-oo（意志）、-eba（仮定）、-i（中止）など
　　未然形　-na'i（否定）
　　連用形　-masu（丁寧）、-ta'i（希望）など
　　連体形　-na（禁止）、-daroo（推量）、-ma'i（否定意志）など
　　音便形　-ta〜-da（過去）など

　未然形に接続するのは否定のナイだけである。このナイを五段型カクに接続する場合は -ana'i、他の型ミルでは -na'i とすれば、語幹形に接続した kak-ana'i と mi-na'i となるので、未然形という活用形は不要にな

第4章　動詞の活用　　73

る。しかしこのナイと不存在を表す形容詞「無い」との関連から見ると、-ana'i という形式が不自然であるから、動詞の否定は、未然形＋ナイとする。

　音便形に接続するのは、タ〜ダ、テ〜デ、タリ〜ダリなど実現の意味を持つものである。音便形と後続の形式との分割は ka'i-ta と ka'it-a の二通りが考えられる。

　そこで「書く＋た」と「嗅ぐ＋タ」によって、その妥当性を試してみると、前者の分割では次のようである。

　　書く＋た　　ka'i-ta
　　嗅ぐ＋た　　ka'i-da

音便形はともに ka'i- であり、同形である。これでは意味の区別ができず、ta と da によって ka'i- の意味を区別していることになる。ka'i- は形態素としての資格がない。そこで後者の分割にすれば、ka'it- と ka'id- であり、これだけで意味の区別ができるし、後続の形式タ〜ダは -a などのように１個の形に統一されるので、極めて都合がよい。

　　書く　　ka'it-a　　ka'it-e　　ka'it-ari
　　嗅ぐ　　ka'id-a　　ka'id-e　　ka'id-ari

しかしこのようになるのは、「書く」と「嗅ぐ」のような特別の場合だけである。大部分の場合は音便形の部分で区別がつく。逆にこのような分割にすると、可能を表す接辞に -e- と -et- という２個の異形態を認めなければならなくなるし、接辞による派生動詞の場合、使役の派生接辞は -ase- 〜-aset-〜-sase-〜-saset- となる。受動などでも同様である。

　　書ける　kak-e-ru　　書かせる　kak-ase-ru
　　書けた　kak-et-a　　書かせた　kak-aset-a

分割のし方を変えても、一方が単純になれば他方が複雑になるので、全てが統一的に説明できるわけではない。ここでは学校文法と同様に ka'i-ta と分割しておく。

　上は学校文法に出てくる例によったものであり、方言によってはこれ以外の活用形が必要になる場合もある。活用形の数や全体の枠組みは、あらかじめ存在するものではなく、当該方言の事象の観察から帰納的に決められるものである。

打消表現にセン〜ヘンという形式があり、kake-seN や kakja-seN という地域では、kake- や kakja- という活用形も必要になる。kaka-heN という地域では、未然形に -N と -heN の 2 種類の否定が接続するとすればよい。
　愛知県西部での勧誘表現はカコマイであるから、文成立形式 -ma'i を接続させる志向形 kako- が必要となる。志向形があると、その方言の意志表現の構造は kako-o となるので、標準語の kak-oo とは異なる構造ということになる。ただし愛知県東部の豊橋市のように、勧誘は kaka-ma'i、意志は kaka-a という地域では、未然形に接続する形式が増えるだけであるから、志向形は不要である。
　第 3 章の [命題] の分類で言えば、部分としての活用表は「こと（Ⅰ）の段階」での動詞の形を一覧表にしたものである。「あり方（Ⅱ）の段階」などの派生動詞においては、この基本の活用と接辞の出現する規則とを組み合わせて活用形を構成することになる。

2.4　文成分としての活用形

　活用形を文成分のレベルのものだけに限定する考え方もある。活用表を構文論の単位とする立場である。そうすると、終止形や命令形などが活用形であり、単語の部分をなす未然形などは除かれる。
　活用表の一覧表は下のようである。a の中に過去のカイタなども入れたくなる。しかしカイタが述語になる場合は、第 7 章で述べるように、叙述の文成立形式 φ の接続した「カイタ＋φ」であり、叙述の kak-u と同じグループに入る形式である。

　a　主文を終止する形式

　　叙述　　　カク
　　命令　　　カケ
　　意志　　　カコー
　　否定意志　カクマイ
　　禁止　　　カクナ
　　推量　　　カクダロー

　b　従属文を構成する形式

中止	カキ
仮定	カケバ
接続	カイテ、カイタリなど
連体	カク（＋体言）

　このような文成分の段階のものを活用形とすると、活用表は、主文や従属節の動詞述語の一覧表、主文で言えば、文の終り方の一覧表ということになる。これは動詞の問題というより、第2章で述べた文成立形式の一覧表に近いものであり、文の構造の問題である。
　文成分には動詞以外の形式が接続して、さらにそれらが活用するという形式もある。形容詞など動詞述語以外の文成立形式などについては、まだ十分考えていない。

否定	カカナイ
希求	カキタイ
推量	カクラシー

これらは、動詞の問題ではなく、派生形容詞の問題として扱われることになる。しかし第3章で述べたように、否定のズが［命題］の中で動詞の連用形と対立することもあり、截然と分けられないところもある。

2.5　活用とは何か

　活用を構文論的な段階のものと見るか、形態論的なものと見るかによって、個々の活用形も全体の枠組みも大きく異なったものになる。標準語や方言の文法では、活用表としてこのどちらか一方だけを提示しているものが多い。
　それぞれの立場から資料を整理し、どの段階のどのような表を活用表とするかは、活用表を作る目的や説明する範囲によって決まる。未知の方言や言語を記述する立場から言えば、作業手順としては形態論重視の立場に立つことになる。意味や職能を基準として形態素という基本の単位を設定し、それらの連続によってより大きな単位を説明することになるからである。他方、意味の分かっている言語（標準語など）を整理されたものとして提示したり、あるいは教えたりという立場で見れば、文成分の一覧表は重要なものとなるであろう。

しかし記述文法としての活用とはこのような一方的なものではなく、両方にまたがるものである。活用における形態論と構文論とは、分離対立するものではなく、連続的なものである。日本語のような「膠着語」では個々に分割できる形態素が連続して上位の要素を構成している。ある単位の構造は、それらを構成する下位の形態論的単位とそれらの出現の規則を整理することによって説明できる。
　構文論的な活用形の一覧表といっても、日本語では基本的な形だけの一覧表であり、印欧語の conjugation のように全ての具体的な文成分を提示することはできない。カカセルなどの派生動詞に関しては、別にオプション要素の一覧表とそれらの接続の順序を定めた規則が必要となる。そのときに必要なのが形態論的な見方である。それに学校文法のように活用という名前を使用するか、他の段階の名称をつけたものとするかは別のことである。形態論的に見た活用とは下位の形態素の出現についての規則に関するものであり、構文論的に見た活用とはその最大の単位である文成分の構造とその一覧表なのである。
　阪倉（1957）は活用形を3段階に分けた。基本形（kak-u）、中止形（kak-i）、連体形（kak-u）を基本活用形、主観的な意味を表す命令形や志向形などを第三類活用形として、丁寧形や否定形などその中間のものを第二類活用形とした。しかしこれは学校文法的な活用形を意味によって分類したものであって、文法的な整理とは言えない。活用に段階をつけるということは、出来上がった活用形の分類ではなく、活用形の構造の重層性を文法的に説明することである。
　南（1962）では、長崎県口之津方言の動詞述語を形態素の段階まで分析して、動詞の構造と活用について述べている。これによれば、kak-a のような動詞だけの基本の形式を「語幹」とし、使役や受動などの派生接辞の接続した派生動詞を「第二次語幹」、それに他の形式が後続して文成分になったものを「活用形」としている。さらにこの活用形を、連体修飾成分になるか否か、全体の意味は客観的か主観的かという基準で、2段階3種類に分けている。この2段階3種類がやがてＡＢＣなどに発展して行くのである。このような考え方が筆者の考えている活用に最も近い。南（1962）の用語を本書の定義でいうと、ほぼ次のようになる。

語幹　　　　　　［命題］の「こと（Ⅰ）の段階」の形式
　第二次語幹　　　「あり方（Ⅱ）の段階」の形式
　活用形　　　　　文成分
　主観的活用形　　［態度］までの形式
　客観的活用形　　［判断］までの形式　（連体修飾成分になり得る）

活用全体を記述しようとすれば、形態論か構文論かではなく、部分の構造から文成分に至るまでを重層的に説明する必要がある。

3　活用の一例

活用形は必須要素と他のオプション要素からなる。必須要素は2種類あり、動詞の意味を表す部分 kak- などと文を成立させる形式 -u や -e などである。従って活用とは、必須要素やオプション要素の種類とそれらの現れる規則の組み合わされたそれぞれの段階である。愛知県瀬戸市方言での活用を簡単に見ると以下のようである。

3.1　文成分の部分の段階

表4-11 は文成分になる前の形式の一覧表である。五段型以外の動詞は母音式で分割されている。これらは［命題］の核となる「こと（Ⅰ）の段階」の部分である。

表4-11

	語幹形	未然形	連用形	連体形	打消形	志向形	音便形
書く	kak	kaka	kaki	kaku	kakja	kako	kaa
見る	mi	mi	mi	miru	mi'ja	mi'jo	mi
出る	de	de	de	deru	de'ja	de'jo	de
する	se/si	se	si	seru	se'ja	si'jo	si
来る	ko/ki/ku	ko	ki	kuru	ko'ja	ko	ki

3.2　派生動詞の段階

動詞の語幹形 kak- や mi- に下の①②のオプション要素が接続して［命

題]の「あり方（Ⅱ）の段階」の派生動詞が作られる。また音便形に③④が接続して「とらえ方（Ⅲ）の段階」となる。要素の形式と出現の順序は数字の順である。異形態の接続は、①②が五段型〜他の型であり、③④ではタ〜ダと同じである

 ① -ase-〜-sase- 使役   下一段型の派生動詞
 ② -are-〜-rare- 受動   下一段型
 ③ -tar-〜-dar-   授受の授 五段型
 ④ -tor-〜-dor-   アスペクト 五段型
 例 kak-ase-rare-tor-u （書かせられている）
      書く＋使役＋受動＋実現＋叙述

上の形式の後に尊敬表現の接辞が接続する。下の -jaas-〜-'jaas- の方には丁寧さがあるという話者もいるが、個人差もあるようで、詳しいことは分からない。これらは［判断］を構成する接辞である。

 -aQse-〜-saQse- 下一段型
 -jaas-〜-'jaas-   五段型に似た特殊な活用
 例 kaa-tor-aQse-ru （書いておられる） 書く＋実現＋尊敬＋叙述

3.3 文成分の段階

上のような、単純動詞や派生動詞の各活用形に以下のような形式が接続し、文成分となる。ただし -u〜ru（叙述）は［態度］の形式であり、-heN（打消）は［判断］の形式であるので、-heN などで述語を終るためには、-φ という叙述の文成立形式を接続させる必要がある。語幹形に接続する形式の異形態は、五段型〜他の型という接続である。

 語幹形 -u〜ru（叙述）、-e〜'jo（命令）、-ja〜'ja（仮定）、-i〜φ（中止）など
 未然形 -N（否定）、-su（意志）
 連用形 -taa（希望）など
 連体形 -na（禁止）など
 打消形 -heN（打消）
 志向形 -o（意志）、-maa（勧誘）
 音便形 -ta〜da、-te〜de （接続は標準語に準ずる）

これらを「書く」kak- で活用させると以下のようになる。順序は上にそろえ、主文と従属文に分ける。オプション要素の接続した例は使役の表現で代表させる。

　主文
　　叙述　カク　　　　カカセル
　　命令　カケ　　　　カカセヨ
　　否定　カカン　　　カカセン
　　希望　カキター　　カカセター
　　禁止　カクナ　　　カカセルナ
　　打消　カキャヘン　カカセヤヘン
　　意志　カコー　　　カカセヨー
　　勧誘　カコマー　　カカセヨマー
　従属節
　　仮定　カキャ　　　カカセヤ
　　中止　カキ　　　　カカセ
　　意志　カカス　　　カカセス
　　継続　カーテ　　　カカセテ
　　連体　カク　　　　カカセル

　サ変の語幹は、叙述と命令が se、仮定と中止が si である。またカ変の語幹は、叙述が ku、命令と仮定が ko、中止が ki である。命令形は ko'i ではなく koo である。

第5章　アスペクトと判断
―トルとヨル―

　ここで［命題］と［判断］の境界付近での要素の関係を、トルとヨルという形式を通して見る。西日本型方言のトルとヨルはアスペクトを表す形式として一対にして扱われることが多い。しかし第3章で述べた名詞化によって［命題］の範囲を定めると、トルは［命題］内で、ヨルはその外の形式である。本章では［命題］と［判断］に関する両者の相違を明らかにすることによって、従来のアスペクト観を修正する。

1　アスペクト接辞とその共起

1.1　トルとヨル
　前に述べたように、標準語テイルの具体的な意味は単純ではない。
　　山がそびえテイル
　　山が崩れテイル
を比べると、「そびえテイル」は状態を表していて、客観的な事実の描写である。しかし「崩れテイル」は、
　　a　以前に山崩れがあって、今荒れた状態になっている＝客観的な描写
　　b　目前で山が崩れる最中であるのを見ている＝主観的な目撃情報
の両方の意味があり、「崩れテイル」だけでは客観的な描写か主観的な判断かが決められない。
　ところが西日本型諸方言にはトルとヨルがあり、上の意味の相違を次のように区別できる。
　　a　崩れる＋トル

b　崩れる＋ヨル

このように表現し分けることができることから、従来のアスペクト観ではトルとヨルを同一枠内で対立させている。西日本諸方言のアスペクト体系は、完了トル・進行ヨル・どちらでもないφ、という3個の要素からなるとされ、これは東日本と異なる体系であるとも言われている。

　しかし岐阜・愛知県境付近の方言では、そのような対立とは別の解釈ができる。もちろん、この地方のトルとヨルの表す意味をアスペクトとして見ることもできる。アスペクトに限定して見ると、両者の意味の相違は次のようである（丹羽1977）。

　　トル　動作や変化の実現された状態が続いている様子。
　　ヨル　現実の動作や変化が始まり、あるいはまさに始まろうとし、連続
　　　　　的に完了に向かって進行している様子。

　トルが動詞の意味の実現している状態の継続を表しているのに対し、ヨルは始点から連続して完了に向かって進行している様子を表している。動作や変化を部分的に捉えて表現しているという点では、これらはアスペクト的意味を十分区別している。

　しかしこの区別は、アスペクトという用意された概念の枠組みの中に当方言の形式を当てはめたものである。既成の概念によってではなく、この方言の述語構造の中に位置づけて観察すると、トルとヨルは固有の意味と職能を持つ形式であり、簡単にアスペクトなどと言っていられないことが分かる。

　第3章で述べたように、この地方の動詞＋トルは、名詞化して複合語の前部分となるし、その意味は実現状態の継続を客観的な事実として表している。従ってトルは［命題］を構成する形式である。ヨルの意味と職能については本章で詳しく検討するが、結論としては、ヨルは［判断］を構成する形式である。

1.2　アスペクト接辞

　以下で岐阜県土岐市、愛知県犬山市と江南市の方言を資料として、トルとヨルの意味と職能について考える。この地方で使われるヨルの形はヨールであるが、説明では一般に合わせてトル・ヨルという形を用いる。また

接辞の形を音素表記すれば -tor- と -jor- となるが、必要のない限りトル・ヨルと仮名書きする。

アスペクト的意味を表現しているといわれる形式で、この地方で用いられる接辞の種類と意味は以下のようである。

  トル　（実現状態の継続）
  ヨール（実現への進行）
  タル　（完了、格関係が変わる）
  トク　（実現状態の維持）
  テマウ（完了）

例文は以下のようである。

  マド　アケトル　　（窓を開けている）
  マド　アケヨール　（窓を開けつつある）
  マド　アケタル　　（窓が開けてある）
  マド　アケトク　　（窓を開けておく）
  マド　アケテマウ　（窓を開けてしまう）

アスペクトの意味を広く取り、テクやテクルなどを入れることも考えられる。このテクの意味は、「色が消えテク」や「人が死んデク」のように、実現に向かって自然に進行していくという一種のアスペクトであり、モッテクのように「持って」そして「行く」という移動の意味で使われたものではない。しかしテクは主に自動詞に接続し、他の接辞と異なる性質を持つので今回は取り上げない。

1.3　接辞の共起

当地方のトルとヨルについて注目すべきは、1個の述語の中で共起することである。共起の例は以下のようである。

  a　ヒトガ　ナランドッタ　　　　　（人が並んでいた）
  b　ヒトガ　ナラビョーッタ　　　　（人が並びつつあった）
  c　ヒトガ　ナランドリョーッタ　　（人が並んでいたものだ）

上のaは、人の行列が既に出来上がった状態にあったことを述べているので、一般には完了と言われている。bは、人が次々に並び、行列が出来ていく途中の有様を述べていて、進行と言われている。このように見る見

方は既に他の方言の例で述べられていることと同じである。それに対してcは、行列が既に出来ているという実現状態があり、そういう状態を繰り返し、あるいは習慣的に目撃したという話し手の回想の表現、つまり「あそこへ行くといつも人の行列が出来ていたものだ」という意味である。この共起の場合、無理な場面を想定すればナランドリョールも使えるが、タの接続した回想の形で使われることが多い。

　このように共起することから、トルとヨルは、

　　並ぶ＋トル＋タ　　　ナランドッタ
　　並ぶ＋ヨル＋タ　　　ナラビョータ

のように、動詞＋（　）＋タ、という環境で範列的（paradigmatic）関係をなしているではなく、下のように前後の形式として統合的（syntagmatic）関係にあることが分かる。トルとヨルは述語構造の中で相互に独立した枠を持っているが、オプション要素であるから現れない場合もある。

　　並ぶ＋　　　　　　タ　　　ナランダ
　　並ぶ＋トル＋　　　タ　　　ナランドッタ
　　並ぶ＋　　　ヨル＋タ　　　ナラビョータ
　　並ぶ＋トル＋ヨル＋タ　　　ナランドリョータ

　アスペクト関係の接辞では、トルとヨル以外も共起する。そこで次に1個の述語の中で接辞が共起する場合の種類と順序を見る。全ての場合の前後関係は下記のようである。タの接続したものは主に回想の形で使われるものである。

トル／ヨル	トル＋ヨル	トリョータ	
トル／タル			共起しない
トル／トク			共起しない
トル／テマウ	テマウ＋トル	テマットル	
ヨル／タル	タル＋ヨル	タリョータ	
ヨル／トク	トク＋ヨル	トキョール	
ヨル／テマウ	テマウ＋ヨル	テマヨール	
タル／トク			共起しない
タル／テマウ	テマウ＋タル	テマッタル	
トク／テマウ	テマウ＋トク	テマットク	

共起した場合の例文は以下のようである。
　　　ケーキ　キットリョータ　　（ケーキを切っていたものだ）
　　　ケーキ　キッテマットル　　（ケーキを切ってしまっている）
　　　ケーキ　キッタリョータ　　（ケーキが切ってあったものだ）
　　　ケーキ　キットキョール　　（ケーキを切っておきつつある）
　　　ケーキ　キッテマヨール　　（ケーキを切ってしまいつつある）
　　　ケーキ　キッテマッタル　　（ケーキが切ってしまってある）
　　　ケーキ　キッテマットク　　（ケーキを切ってしまっておく）
　以上のような相互関係から、複数の接辞の共起する順序、つまりアスペクト的意味の表現の枠組みは3枠からなることが分かる。
　　　1　　　　　2　　　　3
　　　テマウ　　　トル　　　ヨル
　　　　　　　　　タル
　　　　　　　　　トク
　上の2の枠内にあるトル・タル・トクは共起しないので、これらが同一枠内で対立していると言えないこともない。トルと対立しているのは、ヨルではなく、タルやトクということになる。ただしこれはオプション枠の内での関係であるから、義務的に1個を選ぶ印欧語の文法範疇のような対立ではない。
　この枠組みから、テマウとヨルはトルなど2枠のものと性質の異なるものであることが分かる。特にヨルは、後に詳しく述べるが、他の全ての接辞と共起し、常にそれらの後に現れる点を強調しておきたい。
　当方言のアスペクト的表現の枠組みは3枠からなるから、理論的には3個の連続が可能である。3枠全部を連続させた例を作れば、テマウ＋トル＋ヨル＋タなどが考えられる。
　　　ヒトガ　ナランデマットリョータ
この意味は、競技場にいつ行っても、既に（定数分だけの）人が並んでしまっていたものだ。（だからいつも私は当日券を手に入れられなかったのだ）ということになる。
　トルなどとヨルの共起は、岐阜・愛知県境付近の中高年層には普通に見られる事象である。しかしながら、この共起についての考察は、岐阜県土

岐市方言を扱った丹羽（1977）以来ずっと後の丹羽（2001）まで見当たらなかった。また実例の報告も、『方言資料叢刊4方言アスペクトの研究』では名古屋市周辺の2例（138、139ページ）だけであり、『方言のアスペクト・テンス・ムード体系変化の総合的研究』（平成11年度）でも愛知県犬山市（担当丹羽）に見られるだけで、近畿以西にはない。一般に行われている調査票の質問に回答する調査では、質問文作成や調査のし方によって、使用されている表現が拾えないことがある。しかし自然談話ではそういうことはない。国研の『方言談話資料』によれば、ざっと眺めただけでも、西日本各地に下記のようなトル・トク・タルとヨルの共起が見られた。これらが接辞の共起であることが分からなかったためか、あるいは共起した場合の意味が分からなかったのか、長崎県と鳥取県では標準語訳が不十分のように思われる。そのため前後の意味が繋がらない。

　　長崎県　イレトルオッタトナンドン　　　　トル＋ヨル
　　　　　　（入れておったけれども）　　　2巻366ページ
　　鳥取県　ホーリアゲトキヨッタダガ　　　　トク＋ヨル
　　　　　　（ほうりあげておいたんだよ）　　6巻55ページ
　　　　　　ネットリオリマシタケナ　　　　　トル＋ヨル
　　　　　　（眠っておりましたよ）　　　　6巻70ページ
　　宮崎県　アゲチャリヨッタムンジャケン　　タル＋ヨル
　　　　　　（上げてあったものだったが）　6巻208ページ

愛知県や岐阜県の用法から類推すると、これらは習慣として繰り返していた行為であるから、長崎県の例の標準語訳は「入れていたものだけれども」であり、鳥取県は「放り上げておいたものだよ」「眠っていたものでしたよ」となるであろう。宮崎県の例は正しく訳されているので、意味も滑らかに繋がっている。

　その後『方言のアスペクト・テンス・ムード体系変化の総合的研究』（平成11年度〜12年度）の岡山県新見市（担当友定賢治）の例で、

　　　マドー　アケトリョータ　　（窓を開けていた、反復習慣）
　　　コトー　オモートリョータ　（〜ことを思っていた、反復習慣）

を得ることができた。

　以上のように、トルなどとヨルとの共起は、西日本では広く見られる事

象であるが、アスペクト研究で引用されているのは、共起していない例ばかりである。共起は、今まで見落とされていただけであって、不自然な表現ではない。共起することを前提とした観点で考えれば、安易にトルとヨルを対立させて、アスペクトの体系などとは言えない。

　また上の近畿以西の例では全てタの接続した構造となっている。トルなどとヨルとの共起がタの接続する構造だけに使用されるのか、たまたま見つけた例が回想の場面であるのかは分からない。詳しく観察してこの点も明らかにする必要がある。

1.4　接辞の順序

　派生接辞は、第3章で述べた［命題］のⅡ（あり方）やⅢ（とらえ方）を構成する要素として、使役・受動・授受・トルの順序で接続している。アスペクト的意味を表す接辞グループは、上述のように、

　　　テマウ　　トルなど　　ヨル

の順序である。テマウが授受の前に現れることはないし、最後に位置するヨルは、愛知県犬山市では伝統的な尊敬の接辞 -aQse- の前に現れる。

　　　カキョラッセル　　kak-jor-aQse-ru（お書きになっている最中である）

従って述語の枠組みは、授受と尊敬の間にグループ3枠を続けたものとなる。この7枠の範囲で接辞をこの順序で連続させれば、アスペクトを含めて複数の接辞が共起させられる。このうち1～5が［命題］である。

　　　　1　　　2　　　3　　　4　　　5　　　6　　　7
　　　［使役　受動　授受　テマウ　トルなど］ヨル　尊敬

これには注意すべき点がある。授受と完了テマウとの共起は特別の場面を想定しなければ存在しない。またレル・ラレルが敬語で用いられると、伝統的な尊敬の接辞 -aQse- などの位置に合わせて、トルの後に現れる。ただし愛知県の高年層にとって尊敬のレル・ラレルは共通語的であり、方言的場面ではあまり使用されない。

2　トルとヨルの文法的相違

　第3章では、トルが［命題］Ⅲの段階を構成する接辞であるとし、ヨルは

名詞化しないと述べた。これを含めて、ここではトルとヨルの文法的相違を見ることによって、ヨルの職能を考える。

2.1　ここまでに述べた相違
　トルとヨルの相違の第一は、トルなどが
　　聞いトリ役　　　（聞いている役目）
　　置いトキ場所　　（置いておく場所）
のように名詞の一部になる接辞であるのに対して、ヨルは名詞化しないことである。この相違から、トルは［命題］を構成する形式であるが、ヨルはそうでないことが分かる。本章で述べるようにトルとヨルとは職能が異なるのである。

　相違の第二は、他のアスペクト接辞との関係である。トル・タル・トクは互いに共起できないが、ヨルはそれら全てと共起でき、それらに後続して現れる。意味については別に述べるが、ヨルの意味が他の接辞で表現されたアスペクト的意味と競合せず、異なるオプション要素としての意味を付加していることが分かる。

　さらに第三の相違として、接続する動詞の活用形が異なる。トルなどアスペクト接辞が音便形に接続するのに対し、ヨルは語幹形（起源的には連用形）に接続する。

　　並ぶ＋トル　　naraN-dor-u
　　並ぶ＋ヨル　　narab-joor-u

この接続から、トルやトクなどは起源的に標準語の「て〜」で表される共通の意味を持ち、これが実現というアスペクト的意味に関係していると考えられる。

2.2　埋め込み部分での出現
　相違の第四は、第一の名詞化と似ているが、ヨルは［命題］の動詞の一部にならないことである。

　述語はオプション要素の連続であり、その順序は定まっている。しかしトルはその順序と異なった位置に現れることがある。上記の枠組みによれば、アスペクト表現の接辞は使役より後に現れるから、トルと使役は下の

aのような順序で現れるのが原則である。しかしbのように逆の順序となっている例もある。

 a デサセトル de-sase-tor-u （出させている）
 b デトラセル de-tor-ase-ru （出ているようにさせる）

これを述語内部の問題として考えれば、aは「出させる」行為をトルというアスペクトの視点で見るのに対し、bは「出る」行為を実現アスペクトでとらえ、その実現状態を使役の派生動詞にしていることになる。しかしトルの位置による構造の違いは、述語の範囲を越えて、文全体の意味の反映としてとらえた方が分かりやすい。

 主語や目的語を備えた「AがBを出させる」という文の意味の構造を
  ［Aが［Bが出る］させる］

と考える。そうすると、aデサセトルのトルは、主語Aの行為が実現しているというアスペクトであり、今現在AはBを外に追い出しているという意味である。これに対してbデトラセルのトルは、Bの行為つまり埋め込み部分の中が実現状態というアスペクトであって、文の述語である主語Aの行為のアスペクトではない。従ってAの行為である述語全体は、アスペクトに関係がなく、Bが外に出ている状態にさせるという現在の様子や未来の予定である。両者の構造の相違を図示すれば下のようになる。

 a デサセトル ［de- ］sase-tor-u
 b デトラセル ［de-tor-］ase- ru

今回の枠組みで扱っているのは文の述語となる主語Aの行為についてであるから、bのような埋め込み部分の例は対象外であり、別の問題として扱われなければならない。下のトクについても同様である。

  デサセトク ［de- ］sase-tok-u （出させておく）
  デトカセル ［de-tok-］ase- ru （出ておくようにさせる）

上のbの構造は、動詞に接辞がついた埋め込み部分の形式を「本動詞」として、それに枠組みに従って接辞を接続させたものである。アスペクト的接辞のつけ方は下のa〜dの4通りがあるので、dのように既にアスペクト的接辞のついた「本動詞」にさらにアスペクト的接辞がつくこと、つまり埋め込み部分と文の述語の両方に接辞がつく場合も考えられないことではない。両方に接続する場合は、一つの述語構造の中での共起とは異な

るので、トクとトルのように同一述語内では共起しないものも現れ得る。
　　　［Aが［Bが見る］させる］
　　a　ミサセル　　［mi　　］-sase- ru　　（見させる）
　　b　ミサセトル　［mi　　］-sase-tor-u　（見させている）
　　c　ミトカセル　[mi-tok]-ase- ru　　（見ておくようにさせる）
　　d　ミトカセトル[mi-tok]-ase-tor-u　（見ておくようにさせている）
無理な場面を考えれば、両方にトルが付く例でも考えられる。
　　　　ミトラセトル[mi-tor]-ase-tor-u　　（見ているようにさせている）
　このようにトルが埋め込み部分に現れるのに対して、ヨルはこの位置に現れることはない。
　　　デサセヨール　　[de-　　]sase-'joor-u
　　×デヨーラセル　　[de-'joor-]ase-　　ru
のように、ヨルはAの行為であるデサセルに接続することはできるが、埋め込み部分の接辞になることはできない。
　埋め込み部分は、核となる動詞の語幹形に相当する部分であるから、客観的な［命題］である。トルがアスペクト接辞としてその部分に出現できるのに対し、ヨルは出現できない。このことからも両者が文法的に異なる接辞であり、ヨルは客観的内容を表さない形式であることが分かる。
　これと似たことが可能動詞にも言える。カケル（書ける）にトルが接続すると、kak-e-tor-u となるが、反対の順序の場合もあり得る。構造の相違は次のようである。
　　　[kak-e-]tor-u　　（書けている）　　書けた状態の継続
　　　[ka'i-tor-]e-ru　（書いていられる）　書いている状態の可能
　上の使役と同様に、トルは動詞と一体化して、客観的な意味を表している。この場合もヨルは埋め込み部分に入ることはない。

2.3　接続できる形式の種類

　相違の第五は、接続できる範囲の問題である。この地方の方言では、トル・トクなどのグループは、実現した状態の継続というアスペクトの接辞であるから、既に実現した状態を表している動詞アル（有る）や形容詞に接続しない。しかしヨル＋タという形式はこれらに接続する。

ヨーケ　アリョーッタヨ　　　（たくさん有ったものだよ）
　　　ムカシワ　サブカリョーッタ　（昔は寒かったものだ）
これは「回想のヨッタ」と言われるものであり、過去の目撃や経験を表現している。形容詞にも接続するのは、この地方では、昭和の初期くらいの世代までである。このようにヨルが形容詞にまで接続するのは、回想のヨッタを持つ地域では広く見られる現象である。ただしこの地方にはヨルのまま接続するアリョールなどという表現はない。

　前に述べたように、動詞＋トル＋ヨルとしてトルと共起したヨルは、ヨッタの形で現れる。動詞＋トルは実現した状態を表している。それと同様にアルや形容詞も状態を表す形式であるから、ヨッタが接続できる。これらの意味は既に実現した状態であり、変化や行為ではないから、ヨルによって付加されるのはアスペクト的意味ではない。過去の習慣的な目撃や経験である。これはヨル本来の意味である。

2.4　敬語との関係

　トルとヨルの相違の第六は、尊敬の接辞との関係である。接辞の順序としては、トルやヨルは敬語の前に出現する。愛知県北西部には -aQse- という接辞があり、第三者に対しての敬意を表す。問題は、トル・ヨルとこの -aQse- との前後関係である。通常の表現ではトルやヨルは -aQse- の前に位置する。
　　　イットラッセル　　’iQ-tor-aQse-ru　　言う＋トル＋尊敬
　　　イヨラッセル　　　’i-’jor-aQse-ru　　言う＋ヨル＋尊敬
ところがタの接続する表現では、ヨルと -aQse- とが逆の順序で現れることがある。下の -asi- はタに接続する場合の -aQse- の形式である。
　　　イヨラシタ　　　’i-’jor-asi-ta　　　ヨル＋敬語　（通常の順序）
　　　イワッセヨッタ　’iw-aQse-’joQ-ta　　敬語＋ヨル　（逆の順序）
イワッセヨッタという連続は、一部地域ではイワショッタという融合した形になる個人もあるが、形態素の連続としては同じである。

　通常のヨル＋敬語の順と逆の順序との間に意味の大きな違いはなさそうである。これは前の「埋め込み部分」のような現象ではない。逆の場合は回想のヨッタに近い意味と思われるが、詳しいことは分からない。どんな

場面で逆転するのか、また逆転は動詞の種類によって制限されることがあるのか、などについては残念ながら未調査である。

尊敬の接辞 -aQse- の接続した形式は名詞化することはないので、-aQse- は［判断］の形式である。その［判断］の -aQse- より後に現れることもあるということから、ヨルは［判断］であることが確認できる。トルは［命題］を構成する形式だから、常に枠組み通りに［判断］の前に現れ、このような逆転現象はない。

2.5　文成分としての相違

トルとヨルの第七の相違は、述語として文成分となる場合である。述語を構成するためには、第2章で述べたように、文成立形式という必須要素が接続する必要がある。この文成立形式と共起する場合、トルには制限がないが、ヨルには出現できない場合がある。

以下では、トルまたはヨルによる派生動詞と、叙述・命令・禁止・意志・勧誘を表す文成立形式との関係を見る。なお否定推量のマイは、現在この地方ではほとんど聞かれない。また勧誘のマイの音声は、岐阜県土岐市の中年層以上では[ma:]、愛知県側の高年層では[mæ:]であるが、愛知県側で音韻的に解釈されるマイで統一的に表記しておく。

トルの場合は以下のようである。

　　叙述　　ノンドル　　　飲む＋トル＋叙述
　　命令　　ノンドレ　　　飲む＋トル＋命令
　　禁止　　ノンドルナ　　飲む＋トル＋禁止
　　意志　　ノンドロ　　　飲む＋トル＋意志
　　勧誘　　ノンドロマイ　飲む＋トル＋勧誘

トルは全ての場合に出現していて、ノム＋トルという形式は単純な動詞と変わらない。これらの意味は、飲むことの実現状態の継続と文成立形式の意味の合計である。ノム＋トルの表している［命題］を話し手がそれぞれの態度で表現しているのである。

ヨルの派生動詞では以下のようである。

　　叙述　　ノミョール　　　飲む＋ヨル＋叙述
　　命令　△ノミョーレ　　　飲む＋ヨル＋命令

禁止　×ノミョールナ　　飲む＋ヨル＋禁止
　　　意志　×ノミョーロ　　　飲む＋ヨル＋意志
　　　勧誘　△ノミョーロマイ　飲む＋ヨル＋勧誘
　ヨルは叙述では普通に使えるが、共起できない文成立形式がある。トルの意味は客観的であるから、自分の意志として表現したり聞き手に禁止したりできるが、ヨルは禁止や意志の形式とは共起しない。また命令や勧誘の表現でも、特別の場面だけで使われ、動詞によっては出現できない場合もある。
　命令は話し手と聞き手の二人だけの場面でも、実現の結果とそれ以前とが区別できる「行く」や「寝る」のような動詞ではヨルが使える。
　　　サキ　イットレ　　（先に行っていろ）
　　　サキ　イキョーレ　（先に行き始めていろ）
上のイットレは、行くという行為の実現した状態になるように命令しているので、先に目的地に到達して（待って）いるようにという意味が含まれている。イキョーレは、行く行為が始まって実現に向かっていること、つまり（途中で追いつくので）そのとき目的地に向かっているようにという命令である。このように意味の最終段階に視点を置けば、トルは完了状態、ヨルは進行というアスペクト的な面の相違が目立ってくる。同様に「寝る」では、ネトレなら睡眠状態になっていることを、ネヨーレなら横になって（睡眠に向かって）いることを命令している。
　上の「行く」とは異なり、「飲む」や「読む」のように、行為が始まった段階で実現したことになる動詞では、「先に始めていてくれ」という命令をノンドレやヨンドレで表すことができる。実現途中のノミョーレを使う必要はない。しかし禁止ほど不自然ではないので、使えないとまでは言えないようである。
　第三者が存在すれば、勧誘でもヨルが使える。話し手と聞き手が先に始め、第三者の参加を待っている場合である。これは「行く」などだけではなく、「飲む」などの動詞でも有効である。
　　　ノンドロマイ　　　（飲んでいようよ）
　　　ノミョーロマイ　　（飲み始めようよ）
ノンドロマイは、今夜は酒でも飲んで過ごそうよと、飲む状態がある程度

継続することを提案している。聞き手の同意を見込んでの勧誘であり、既に飲んでいる状態をさらに延長しようとする場合にも使用される。ノミョーロマイは、話し手と聞き手が飲み始めて、後で加わってくる第三者を待つ状態になることを提案している。二人で飲み始めるのは「とりあえず」であって、実現した状態は全員の酒盛りが成立した段階である。従って勧誘は、酒盛りが実現する途上になっていることを提案している。「行く」の場合と同様に、実現の最終段階に視点を置いた表現であり、アスペクトとして見れば、実現に向かっている進行である。

　このように、場面によってはヨルも勧誘の表現に使用できる。このことから類推すると、意志の表現でも、話し手が一人で行為を始めて誰かが後から加入するという場面でならば、独り言としてのノミョーロが使えるのではないかと思われる。禁止のように明らかに実現進行しない場合でも、場面によってはヨルを使うことが可能になるかもしれない。しかし場面が特殊になればなるほど話者を誘導するような状態になり、確たる回答を得ているのかどうかが疑わしくなる。

　トル・ヨルと文成分について要約すれば、動詞＋トルは客観的な［命題］であるから、全ての文成立形式と共起することができる。しかし動詞＋ヨルでは、ヨルの意味と文成立形式の意味とが整合しない場合、普通に使えないこともある。

3　意味と職能

　トルとヨルの職能を考える前に、意味の相違を明らかにしておく必要がある。これらの意味の特徴については必要に応じて述べてきたが、ここでまとめておく。

3.1　ヨルの主観性

　　ユキガフットル　　（雪が降っている）
　　ユキガフリョール　（雪が降りつつある）

　意味の相違が完了と進行であれば、フットルは既に積もっている場合であり、フリョールは今降っている最中である。しかしフットルは降ってい

る最中にも使える。この場合にトルが使えるのは動詞の意味によるのであり、「死ぬ」などの瞬間動詞ではこのようなことはない。この点に着目して標準語のテイルが動詞分類の基準になることもある。しかしその前に「降る＋トル」や「降る＋テイル」が両方を表し得る理由を整理し、ヨルとの相違を明らかにしなければならない。

　この地方のトルは、標準語のテイルと同様に、実現状態の継続というアスペクトを客観的な事実として描写している。しかしヨルは、以下で述べるように、話し手が目前でその現象を目撃・経験していることを表している。それをアスペクトの側から見れば、進行ということになるが、本来の意味は、現場での目撃や経験という、話し手の主観的判断を表しているのである（丹羽2001）。

　「石が落ちるので太郎は逃げる」という文にトルとヨルを接続させると次のようになる。
　　a　イシガ　オチトルデ　タローワ　ニゲトル
　　b　イシガ　オチヨールデ　タローワ　ニゲトル
　　c　イシガ　オチトルデ　タローワ　ニゲヨール
　　d　イシガ　オチヨールデ　タローワ　ニゲヨール

上のaでは、話し手が石と太郎の2個の出来事を目撃したか否かは表現されていない。オチトルもニゲトルも客観的事実の実現状態として描写されている。「新幹線が止まっているので、客は長く待っている」という新聞記事と同程度の認識であってもよい。次のbでは石が落ちるのを実際に目撃している。しかし太郎の逃げる姿を目撃しているか否かは表現されていない。表現の時点で逃げた太郎がどこに居るのか知らなくてもよいし、落ちる現場から遠く離れた場所で話し手と一緒に石の落ちる様子を見ていてもよい。cでは反対に、石の落下という状態があり、それで太郎が逃げて行くのを目撃しているのである。最後のdでは、落ちる最中の石を目撃しながら、一方では逃げ惑う太郎の姿をも目撃している。

　この地方の方言のニゲヨールとニゲトルの意味の違いは、行為や変化が進行中か完了したかということではなく、話し手が目撃しているか否かという感覚的な相違である。ニゲトルは、標準語のテイルと同様に、逃げるという行為の実現状態であるから、逃げ終った「完了」と、逃げ始めたが

まだ終っていない「途中」の二つが考えられるが、どちらも客観的事実の描写や知識であり、話し手の心情や感覚とは無関係である。それに対してヨルの方は、現に話し手がその事実を目撃しているという主観的な報告である。

3.2 ヨルと現場

ヨルは現場での目撃情報である。この場合の「現場」という意味をもう少し考える。

トルは[命題]としての客観的意味を表すから、使われる場面は制限されない。論理的に矛盾がなければ、話し手のいる場所から時間的にも空間的にも離れている場面のことを表現できる。従ってトルは、未来や別のところで発生するかもしれない事態を想定し、それについて述べることができる。しかしヨルは、現場での目撃・経験を表すから、今、現場で確認できること以外の想定や仮定の場面のことには使えない。

  a 今夜は夜中まで読ンドルヨ
  b×今夜は夜中まで読ミョールヨ
  c 今日は九州でも降ットルヨ
  d？今日は九州でも降リョールヨ

まず時間的に見ると、「今夜」という未来の場合は話し手の現場ではないから、ヨルは使うことはできない。次に距離的に離れた場所のことについて、愛知県側では話者の年齢層（男性2人1939-40生）では使わない。ただし現代では通信交通技術の発達によって空間的な距離は同一現場のようになっているので、ヨルを使っても不自然ではないかもしれない。岐阜県土岐市の話者（女性2人1956生）では、電話やテレビなどで確認できたときにはヨルが使用できる。天気予報程度の根拠しかない場合はトルである。土岐市では、確認さえできれば目撃しているようにヨルで表現し、それがなければ与えられた客観的な知識としてトルを使うのである。愛知県側との違いが地域差か世代差かは不明である。世代差であるとすれば、「現場」という概念も世の中の変化に合わせて変わるが、現場の広さが変わっても、上のbで分かるように、ヨルが現場での目撃情報であるという意味の方は不変である。

現場というのは、単にその場所にいるということではなく、感覚的に捉えることができる場面ということである。
　　地球が太陽の周りを回っている。
という文で、マワットルは使えるが、マワリョールは使えない。話し手が地球上にいても、地球の公転は知識として与えられた命題であって、自分が現場で確認した目撃情報ではないからである。また地球の自転も目撃できないから、一日一回自分でマワットルであって、マワリョールではない。その代わり、地球の自転のために夕日が沈むように見えるのは感覚的に捉えられるので、シズンドルとシズミョールの両方を使うことができ、石がオチトルとオチョールなどと同じ意味になる。
　前に見た例文、
　　ヒトガ　ナランドリョータ　（人が並んでいたものだ）
　　ヨーケ　アリョータヨ　　　（たくさん有ったものだよ）
　　ムカシワ　サブカリョータ　（昔は寒かったものだ）
など、動詞＋トル、アル、形容詞に接続したヨッタが過去の目撃や経験を表していることも、ヨルの意味が現場での目撃・経験の情報だということから、矛盾なく説明できる。

3.3　日本語のヨルの意味

　細かく観察すれば、この地方だけでなく、西日本型の諸方言のヨルにも単なるアスペクトとは別の固有の意味が見られる。
　近畿中央部のヨルは待遇表現に使われるが、待遇というのは現場での人間関係に関することであるから、目撃とまでは限定できないにしても、話し手の主観や状況判断の顕れである。
　中尾（2000）によれば、兵庫県加古川市方言のヨルとトルの間には、心理的・物理的距離を含めて
　　発話者のその動作・作用に対する観察の精粗という違いがある
とのことである。これはここでいう目撃と近い。
　工藤（1983）による宇和島方言では、近くで泳いでいるのは「泳ぎよる」、遠くで泳いでいるのは「泳いどる」ということであり、これは物理的距離ではあるが、目撃と似た意味と思われる。

さらに二階堂（2001）によれば、大分市では

　　目撃していれば、確信してヨル形

　　目撃のみではなく、五感（聴覚・視覚・嗅覚・味覚・触覚）で今まさに進行中の出来事を捉えることができる

場合にヨルということである。これは岐阜・愛知地方の目撃とほとんど同じである。このようにヨルの意味は目撃・経験であるという視点で見ていけば、他の方言でも同様なことが観察され、ヨルの主観性がはっきりしてくる。

またかなりの地域では、ヨル自体が使われていないのに、過去のヨッタだけがある。目撃・経験というヨル本来の意味によって、こうした方言に回想のヨッタのみが残存していることが説明できる。過去の経験という意味が「ヨル＋タ」の形で回想だけに残っているのである。

以上のように、トルは実現した状態という客観的意味を表し、ヨルは現場での目撃・経験という主観的意味を表す接辞であって、トルとヨルはアスペクトという文法範疇の中でペアをなしているのではない。トルとヨルのある方言では、この2個の形式でアスペクト的な意味の相違を表現することはできる。しかし両者はそのための形式ではない。

3.4　トル・ヨルの職能

トルは音便形に、ヨルは語幹形に接続する。これ以外にトルとヨルは文法的に次の点で異なっている。

		トル	ヨル
①	［命題］として名詞化	○	×
②	トクなど接辞との共起	×	○
③	埋め込み部分への出現	○	×
④	アルや形容詞に接続	×	○
⑤	尊敬の接辞の後に出現	×	○
⑥	文成立形式ナとの共起	○	×

意味の面では、トルが「事態の実現した状態の継続」という客観的な意味を表しているのに対し、ヨルは「現場での話し手の目撃・経験」という主観的な意味を表している。トルとヨルとは、異なる文法的環境に現れ、

異なる意味を表しているのである。これらを積み重ねていくと、トルとヨルの職能の相違が見えてくる。

　まずヨルはいろいろな接辞の後に現れている。トルとヨルが共起している例では、ヨルは、aのようにトルと並立しているのではなく、bのように、もう一つ外側に位置し、主観的な[判断]を構成しているのである。

　　Aガ　カイトリョータ　（Aが書いていたものだ）
　　a ×［ Aが書く＋トル＋ヨル＋タ］
　　b 　［［Aが書く＋トル］ヨル＋タ］

　このように考えれば、カイトルとカキョールの違いも明らかになる。動詞が「書く」のような場合、トルもヨルも共に進行を表していると言われるが、トルの方が事実の客観的な描写（アスペクト）であるのに対し、ヨルの方は目撃という話し手の主観的な表現である。その主観をアスペクトという枠内で考えると、未完了や進行と解することも可能である。従ってトルとヨルが単独に現れた場合の位置も異なっている。

　　カイトル　　［［書く＋トル］　　　］
　　カキョール　［［書く　　　　］ヨル］

これを述語構造のモデルに当てはめて、

　　[[[命題]判断]態度]

として捉えると、トルは、一般の動詞と同様、客観的な[命題]を構成する形式であるのに対して、ヨルは話し手の主観的な[判断]を構成する形式である。トルは命題の一部としてアスペクトを表し、ヨルは判断の一部として話し手の目撃・経験を表す。

　　カイトル　　［[[動詞＋アスペクト]　　　]]
　　カキョール　［[[動詞　　　　　　　]目撃]]

トルは[命題]の一部、ヨルは[判断]の一部であり、両者の文法的な職能は同一平面上で比べるものではない。従ってトルとヨルとを対比させてきた西日本型のアスペクト体系なるものも再考する必要がある。トルとヨルのアスペクト体系といわれるものは、形式についての文法的な体系ではなく、個々の文のエティックな意味を既成の意味体系に当てはめた純粋に意味の世界のこととなるからである。

　言語地理学や類型論のように、ある基準で複数の言語を見るのは、記述

とは別のことである。一言語の記述という点では、トルとヨルとを対にしたアスペクト体系というものは見せかけのものであり、文法的なカテゴリーとしてのアスペクトは認められない。

　他地域の方言ではトル・ヨルの共起を含めて細かい記述が少なく、トルとヨルは対立しているものとされている。それらに上記の述語構造モデルでの違いがそのまま適用できるかどうかは検討する余地があるが、適用できれば、見えてくるものもある。

　工藤（1983）によると、宇和島方言ではシトルは現実を「状態的＝静的」にとらえ、シヨルは「過程的＝動的」にとらえるという対立があるという。静的・動的というのは、文法概念による説明ではないし、アスペクト的に区別しているとも言えない。しかしトルとヨルの相違点を、上記のような客観的な［命題］と主観的な［判断］という役割であるとすれば、静的・動的という説明も容易に理解できる。というより、本章で述べている相違を補強していると言える。

　このように両者の文法的職能が異なるので、金水（1995）のように、トルとヨルの接続した形を「弱進行態」として一つの概念にまとめることを受け入れるのは難しい。もちろんこの提案は、複数の言語を説明するために工藤（1983）の静的・動的を無視して一括するとあるから、無理を承知でのことである。しかし意味の世界で想定された概念の下に、職能の異なる形式をまとめてしまうのは逆である。複数の言語を説明するためには、個々の言語の記述を一層徹底し、文法構造に基づく枠組みを構築する必要がある。意味からとは逆の解決法を求めた方が建設的である。

　従来の説の話が難しくなるのは、ヨルの持つ意味全部がトルと対立するものと考え、全てをアスペクトという所与の意味範疇の中だけで説明しようとするからである。ある理論で説明できない食い違いがあれば、理論より事実を優先すべきであろう。それぞれの言語事実を詳細に観察し、それに適した枠組みを帰納的に設定して事象を処理すれば、もう少し話は分かりやすくなるのではないか。近畿以東の方言のヨルの意味や職能は、アスペクトという分野から離して考えれば整然と説明できることが多い。一般化とか他の言語と比べるというのはその後のことである。

　トルとヨルはアスペクトという文法範疇の中で対立している形式ではな

い。トルは実現状態の継続という客観的なアスペクトを表し、[命題]を構成する形式である。ヨルの方は現場での目撃・経験という個人的な主観であり、[判断]を構成する形式である。両者は職能の異なる別の種類の形式である。

　[命題]と[判断]の境界の一つは、トルとヨルの間にある。その結果、トルとヨルを基準として他の接辞との接続関係を見れば、その接辞が[命題]と[判断]のどちらに所属するかが決められる。

第6章　否定表現と判断
―2種類の否定―

　本章で述べたいのは、西日本型方言のンとセンで表される2種類の否定表現は意味的にも文法的にも異なるということである。このンとセンとの相違に着目すれば、前章に続いて［命題］と［判断］を分ける境界についてさらに付け加えることができる。

1　否定表現とその意味

1.1　2種類の否定
　日本語にはムードという文法概念がないので、客観性の程度によって事柄を文法的に表現し分けるということができない場合が多い。否定の表現には次の2種類のものがある。
　　a　否定そのものが定理や社会公認の事実である客観的な否定
　　　　同一平面上の平行線は交わらない。
　　b　話し手がデータなどから個人的裁量で否定する主観的な否定
　　　　この遅れでは列車が定刻に着けない。
上のaは、否定で表現されている「平行線が交わらない」という一般的なことを、話し手が自分の判断を加えずにそのまま述べる表現である。しかしbは、肯定的な「列車が定刻に着ける」という個別のことについて、周囲の状況やデータから判断して、自分の主観的な判断によって否定している表現である。
　第3章で触れたように、標準語のナイはこの2種類の否定を形式や文法で表現し分けることができない。そこで主観的否定には「多分」とか「だ

ろう」「かもしれない」などを付加することによって、話し手の判断であることを明示することになる。ところが西日本諸方言の多くは、これを2種類の形式ンとセン〜ヘンによって区別している。このンとセンの意味と職能を考えることによって、標準語のナイでは説明の難しい否定表現の文法的分類及び否定と文構造の関係を明らかにすることができる。

　結論を先に言えば、ンの意味は客観的否定で、職能は［命題］の構成であり、センの意味は主観的否定、職能は［判断］の構成である。

　　　ン　　［［動詞＋否定］　　］
　　　セン　［［動詞＋　　　］否定］

この構造から、第3章で述べた複合語（［命題］Ⅳの段階）を構成するのは、客観的否定のンがズの形で現れた場合であることが分かる。

1.2　先行研究

　方言の文法記述や論文の多くがンとセンに言及している。しかし両者を対にした例文を出し、その意味を付している程度のものが多く、相違をその方言の枠組みの中で記述的に論じているものは少ない。本格的な記述が少ないので、二三をやや詳しく紹介する。

　岐阜・愛知など、近畿以東の方言の否定について詳しく論じたものは見当たらない。

　近畿中央部の方言では、大阪方言を扱った前田（1955）があり、五代目笑福亭松鶴編『大阪落語名作選』に現れたンによる否定表現を分類し、ヘンとの相違を論じている。大阪方言におけるンとヘンの本来の違いは

　　　前者は自己の判断とか感動とかそのものをそのまま表現するのに用いられ、後者は客観的ないしは客観された物事を標的として意識に浮かべつつ、それに対する判断なり感動なりを表現するのに用いられている。

としている。現在の大阪方言のンとヘンがこれと反対になっている点について、ンは「直接的で近道の打消」であるから断固とした否定に使われるようになり、ヘンは「間接的で遠道の打消」であるために、強すぎない否定に使われるようになったとしている。教えられるところが多く、評価すべき論考であると思うが、強消（つよけし）・弱消（よわけし）、あるいは対他性・対自性などの概念を設けて、二つを同じレベルに並べて説明しよ

うとしている点に問題が残る。意味と職能とに分けて考えるべきである。

これを引き継ぐ形で、山本（1981）は、女子学生の否定表現使用例を表示し、標準語化の進んだ若い世代でも否定法には「ヘン」が「ない」や「ン」より多いと述べている。使用状況などを知ることはできるが、両者の相違については前田（1955）より進んでいるとは思えない。

近畿以西では、宇和島方言を扱った工藤（1992）がある。宇和島方言でのンとヘン（工藤氏の用語ではセン形とスラヘン形）の否定文の相違は、前者が事態の客観的側面に関る客体的否定（propositional negation）であり、後者は話し手の態度的側面に関る主体的否定（modal negation）であるとする。叙述文に関しては、前者が「事態の不成立性（文の対象的内容＝命題としてある事態が存在しないこと）」の「話し手による確認・記述」という客体的否定文であるのに対し、後者は主体的あるいは主観的・情意的否定文であり、次の二つの意味・機能をもっているという。

「事態成立（肯定性）」への「他者の確信」に対する「話し手の否認」
「事態成立（肯定性）」への「期待の不成立」に対する「話し手の不本意性」

工藤氏の論はさらに質問文や依頼文など多方面に及んでいる。これは雑誌の特集「各地録音紹介－文字化と解説」に載せられているが、そういうレベルの紹介や解説などではない。方言の二つの否定形式について述べたものでは、上の前田（1955）と並んで、最も詳しく、且つ核心をついていると思う。ただし筆者のような形式重視の立場から敢えて言えば、この工藤（1992）も説明が文例とその意味だけに偏り過ぎている。上記のような特集の一部であるから仕方のなかったことかもしれないが、文や述語の構造など、もう少し形に関する記述的な面からも検討してほしかったという思いは避けがたい。

1.3　ンとセンの意味

前接の動詞活用形以外の環境を同一にして比べると、ンとセンの意味の相違は以下のようである。

① アメガ　フラン　　（雨が降らない）
② アメガ　フレセン　（雨が降りはしない）

③　アメワ　フレセン　（雨は降りはしない）

①のフランは、「降らない」こと、天気がよいことを話し手が自分の心情とは関係なく、客観的に述べた表現である。工藤（1992）の用語で言えば、「事態の不成立性」の「話し手による確認・記述」に当たる。②と③のフレセンは、予想された「降る」ことを話し手が自分の判断で否定した主観的な表現である。自分の立場から否定したものであるから、②の具体的な意味は、次のような評価や感情などを含めた否定の表現である。

　　a　雨を待っているが、残念ながら降らない。
　　b　傘を持って来たけど、雨が降らない。

このaは、工藤の用語では「期待の不成立」に対する「話し手の不本意性」である。bは自分の予想がはずれた不本意に近い感情、誰かが降ると言ったことに対する軽い反発である。上の③のアメワのように、助詞「は」を使えば、雨が降ると信じている「他者の確信」に対して、自分の判断ではそうでないと主張する「話し手の否認」を表している。

　標準語では、①②③全てで「降らない」となり、区別がない。③は、助詞「は」で「他者の確信」に対する「話し手の否認」であることが表されるが、①と②の相違は表現できない。第3章で触れたように、否定表現は客観的部分か主観的部分かで議論された時期がある。その諸説は、標準語のナイだけを見て、否定全部をまとめて議論するから話が難しくなるのである。渡辺（1953）では、ナイは第2類の助動詞とされ、「一旦は述語の外ではたらきながら、結局は述語の一部分となり果てるという二重性格をもつ」とされる。単純に断定せず、二重性格とされている点は慎重である。形式がナイ1種類であるだけに、その苦しさは共有できる。

　西日本型の方言では、上のように、伝えられる内容としての客観的否定と個人の裁量で否定される主観的否定が区別されているので、話がもう少し分かりやすくなる。方言形のンとセンを渡辺説に従って言えば

　　雨が＋降らン　　　　（述語の中）
　　雨が降るコト＋セン　（述語の外）

のように、異なる形式でその「二重性格」を分担している。前者は「犬に＋吠えられる」と同様に、述語の中にあり、客観的である。後者は話し手個人の主観的な意見である。

第6章　否定表現と判断

予想されることの否定という点では、宝くじに「当たる」などが適当であろう。
　　　タカラクジワ　アタラン　　（宝くじは当たらない）
　　　タカラクジワ　アタレセン　（宝くじは当たりはしない）
アタランは「当たらない」ことを客観的に、「平行線は交わらない」と同じくらい普遍的な真理として述べている。このような命題化した断言は、実際とは矛盾する。しかし現実には当たらないことが多いので、アタランと言い切っても、それほど不自然ではない。それに対してアタレセンは、買った立場から、心情を交えて主観的に「当たる」ことを否定している。全体として見れば必ず誰かに当たるので、当たる可能性は皆無ではない。しかし自分の判断では自分達に当たることはないだろうという「話し手の不本意性」である。宝くじは買わなければ絶対当たらない。従って
　　　カワナ　アタランガ　カッテモ　アタレセン
　　　　　　（買わなければ当たらないが　買っても当たりはしない）
のように対比させれば、客観と主観の相違がはっきりする。
　主観的否定について追加すれば、命題としての客観的な否定をセンに変えると、その意味がはっきりする。
　　　a　平行線は交わらン
　　　b　平行線は交われセン
上のaは定理の中に含まれる客観的否定である。これをbのようにセンにすると、その意味は次のようなものになる。
　　　他人が知らないか誤解しているので、主張して教えてやる場合
　　　定理に疑問を持ち、交わることを証明しようとして、失敗した場合
これらは「話し手の否認」と「話し手の不本意性」であるが、いずれにしても話し手の気持を込めた否定である。意味の構造は「平行線が交わるコト＋セン」であり、間違った命題を話し手の責任で否定している。
　雨や平行線の場合は、話し手はことの実現・非実現に関係しない。しかし人の行為であれば、話し手または他者が動作主になる。そのどちらの場合でも、センは話し手という立場からの主観的否定であり、動作主の立場ではない。なお他者が動作主というのは、聞き手の場合と第三者の場合とがあるが、話を簡単にするために、第三者に限定する。そのため以下で3

人称となっているものには相手を含んでいるものがある。
　　　ホン　ヨマン　　１・３人称の事実　（私は／太郎は本を読まない）
　　　ホン　ヨメセン　１人称の意志　　　（私は本を読まないつもりだ）
　　　　　　　　　　　３人称への評価　　（太郎は本を読みはしない）
ヨマンは事実を客観的に叙述した表現であり、「本を読まない」という情報だけを伝えている。具体的な意味は、「読書が嫌いだから読まない」「今日は読まない」など、いろいろあるかもしれないが、否定を事実として表現している。ヨメセンの方は、「読む」ことが予想される状況なのに、「実はそうではない」と話し手が自分の責任で否定している。動作主が１人称であれば、読むことを拒絶する話し手自身の意志の表明となるし、３人称の場合は、その人が読まないことに対する話し手による評価となる。

　以上のように、ンは否定を伝達する内容の一部として述べているが、センは肯定命題を話し手の判断で否定している。当方言のンとセンの意味の相違は次のようである。
　　　ン　　［話し手が［主語が〜しない］ことを客観的に叙述する］
　　　セン　［話し手が［主語が〜する　　］ことを主観的に否定する］
　工藤説では叙述文のセンの意味を二つに分けている。それはそのまま当方言にもほぼ適用できるが、二つに分けることにそれほど意味があるとは思えない。
　　　　雨が降るのを待っているが、残念ながら降ることはない
　　　　他人が降ると思っているのを、話し手がそうでない主張する。
この両者は、肯定命題「雨が降る」を話し手が自分の判断で否定しているのである。センによる否定では、状況から予想される肯定命題を、話し手は自分の立場から自分の責任で否定しているのであって、他者の確信や期待の不成立は状況からの一つの結果である。従って当方言のセンは上のように一つの意味にまとめられる。

2　ンとセンの文法的相違

　ンとセンは、否定ではあっても、異なる意味を表している。大部分の動詞ではンとセンで２種類の否定表現が使い分けられるが、中にはン・セン

の一方しか接続しない動詞もある。既に前田（1955）や工藤（2000）などに述べられていることもあるが、この地方の方言での例で整理する。これらのことと述語構造との関係はあるのだろうか。

2.1　前接の活用形

　第一に、ンとセンは接続する活用形が異なる。既に例文で見てきたように、ンは未然形、センは打消形に接続する。

　　　書く　　　カカ＋ン　　　カケ＋セン
　　　見る　　　ミ＋ン　　　　ミエ＋セン

センの接続する形には、ミーセンやミヤセンなど個人差や地域差の見られる場合もあるが、いずれも打消形の異形態の範囲であって、近畿中央部のカカ＋ヘンのように、カカ＋ンと同じ形に接続することはない。

2.2　表現の種類

　第二は、ンとセンの「助動詞」としての活用が異なる。ンは、いろいろな表現に用いられるが、連用形「なく」に当たる形式がない。連用形を用いる表現をそのまま方言形に置き換えることはできないので、ン＋ヨーニ（連体形＋形式名詞）を用いる。ただし中止法のズは使われる。

　　　アメガ　フラン　　　　　　　　（雨が降らない）
　　　アメガ　フラナンダ　　　　　　（雨が降らなかった）
　　　アメガ　フラン　トキ　　　　　（雨が降らないとき）
　　　アメガ　フラナ　　　　　　　　（雨が降らなければ）
　　　アメガ　フラン　ヨーニ　ナッタ　（雨が降らなくなった）
　　　アメモ　フラズ　ユキモ　フラン　（雨も降らず、雪も降らない）

　センの主な用法は主文での言い切りである。また一部の連体修飾の表現に使われる。

　　　アメガ　フレセン　　　　（雨が降りはしない）
　　　アメガ　フレセナンダ　　（雨が降りはしなかった）
　　？アメガ　フレセン　トキ　（雨が降りはしないとき）

連体修飾表現は、予想に反する３人称の行為を不本意なものとして評価する場合に用いられるようである。話し手自身の行為に使われることは少な

い。ただし連体表現の許容には個人差あるいは不明な点があって、よく分からないところがある。下の例は被修飾語の「奴」の意味に含まれたマイナスの評価に合わせた表現かもしれない。プラスの評価のときはあまり使わないようである。

　　　イケセン　ヤツモ　オッタヨ　（行きもしない奴も居たよ）
　　??イケセン　センセーモ　オラシタヨ

　　　　　　　　　　　　　（行きもしない先生もいらっしゃったよ）
　　　イカン　センセーモ　オラシタヨ

　　　　　　　　　　　　　（行かない先生もいらっしゃったよ）

センは言いきりで使われるので、仮定表現では、一度言い切っておいて、それにナラをつけることになる。

　　　ヨマナ　カエセ　　　（読まなければ返せ）
　　　ヨメセンナラ　カエセ　（読みもしないのなら返せ）

センもンも、ナラの前に現れるので、南説でいうとB段階のものということになるのだろう。南説ではンとセンとの区別がつけられない。

　以上のように、センには仮定表現がないし、連体表現についての詳細は不明である。過去を含めて、原則として言い切る場合に使われるということから、センは、［命題］についての話し手の判断を表す形式であることが確認できる。

2.3　ン・センと人称

　一般の動詞の否定文で主語が明示されていない場合、その文の主語は話し手自身と他者の場合とがある。

　　　ガッコーエ　イカン　　（学校へ行かない）
　　　ガッコーエ　イケセン　（学校へ行きはしない）

　イカンは、「幼稚園児は小学校へ行かない」など、「行かない」という否定命題の叙述であり、話し手の判断とは関係がない。しかしイケセンは「小学生なのに学校へ行きゃしない」などのように、当然「行く」はずの人がそうでないことを、１人称の場合は意志、他者の場合は話し手の評価として述べている。このように一般の動詞＋センでは話し手も他者も主語とすることができるが、一部の動詞では主語が他者に限られることがある。

動詞「知る」の場合、ンの否定文では主語は制限されないが、センが接続すると3人称だけとなる。

　　　コノジ　シラン　　（この字を知らない）　　　1・3人称の事実
　　　コノジ　シレセン　（この字を知りもしない）　3人称への評価

シランは、話し手や他者が「その字を知らない」という事実であり、それ以上の深い意味はない。シレセンの場合は、「誰でも当然知っているやさしい漢字」なのに、実は知らないという、3人称に対する話し手の評価を表す。これは無知に対するマイナス評価であり、話し手自身を主語にしては使わない。またモンゴル文字のように知らなくても不思議ではない文字の場合にはあまり使わない。このような場合に使えば、誰かが「Aはモンゴル文字を知っている」と誤解している「他者の確信」に対する「話し手の否認」として「Aは知らないのだ」という主張である。これは無知への嘲笑ではない。

　これについては助詞「は」も関係する。「は」は格を表さないので、一般的には主格にも対格にもなり得るが、センの接続した場合の3人称は主格である。

　　　アノコワ　シラン
　　　　　1人称の事実　　（私はあの子を知らない）
　　　　　3人称の事実　　（あの子はそのことを知らない）
　　　アノコワ　シレセン
　　　　　3人称への評価　（あの子はそのことを知りゃしない）

この地方の方言では「知る」以外にこのような動詞は見当たらない。ただし「分かる＋トル」にセンの接続した場合の主語は3人称である。「知る」と「分かっている」は特別の動詞である。

　　　ナンニモ　ワカットレセン
　　　　　3人称への評価　（何も分かっていやしない）

　人称の制限に関しては、ヨーの付いた可能表現にも言える。否定表現のうち「ヨー＋動詞＋ン」では主語が制限されないが、「ヨー＋動詞＋セン」は3人称だけである。当然そのことができるはずなのに、実はできないのだと話し手が判断、評価しているのである。

　　　ヨー　カカン　　（書くことができない）　　　1・3人称の事実

ヨー　カケセン　（書くこともできやしない）　3人称への評価

ヨー〜センという表現の主語が限られることについて、前田（1955）は大阪方言のンとセンの持つ対自的・対他的という性質によると説明している。しかしここまで述べてきているように、この地方ではセンで自分の意志や予定を表現することができる。前田の言う対自や対他は、ンとセンの持つ固有の特徴ではなく、動詞の意味など他との関係で生じたその文での具体的な意味の一面にすぎない。

　「知る」「分かっている」や可能表現はある種の能力である。話し手は自分の能力について、否定命題として客観的に言うことはできても、自分の意見として主観的に否定することはできないのであろうか。人称の制限とセンとの関係については分からないことが多い。

2.4　全体で1単位をなす形式

　述語の否定表現でありながら、センの接続できない形式がある。否定に対応する肯定表現のない下のような例には、ンだけが使われる。

　　カカナ　イカン　（書かなければいけない）
　　カカナ　アカン　（書かなければいけない）
　　カカン　ナラン　（書かなければならない）　＜カカナ　ナラン
　　カクカモ　シレン　（書くかもしれない）

標準語の「やむを得ない」「煮え切らない」なども「〜ない」という形になっているが、やはり肯定の表現がない。これらを方言形で言うとすれば、ヤムオエン、ニエキランであり、センは使えない。

　ンは否定命題を構成する形式であるから、先行の動詞と一体化して1単位の形式を作り、意味でも客観的な1単位となることがある。イカンは、イク＋ンという2個の意味の合計ではなく、「駄目だ」という一つの意味になっている。

　センは肯定命題を話し手の責任で否定するのであるから、肯定を表す形式がなければ接続できない。またセンは話し手の主観を表す形式であるから、客観的な形式とは一体化できないし、第3章で見たような名詞化もできないのである。

2.5　否定疑問による命令と依頼

　この地方に限ったことではないが、婉曲な命令表現や依頼表現に「否定＋疑問」の形式が用いられることがある。この場合の否定にはンだけが使われる。

　　ハッキリ　イワンカ　（はっきり言わないか）　命令
　　イッテ　クレンカ　　（行ってくれないか）　　依頼

　イワンカやクレンカは、形の上では否定＋疑問になっているが、具体的な意味は「はっきり言え」「行ってください」など、命令や依頼という1単位の意味で使われる。しかしこれらには、ハッキリ　ユーカ、イッテ　クレルカのような肯定の表現もあるので、センで主観的に否定することができる。

　　ハッキリ　イエセンカ　（はっきり言いはしないのか）
　　イッテ　クレーセンカ　（行ってくれはしないのか）

ただしこれらは、「はっきり言うコト」「行ってくれるコト」という当然予想される肯定的内容を話し手の主観で否定しながら質問しているのであるから、命令や依頼ではなく、話し手の判断の加わった否定疑問の表現という本来の働きになる。

　ンによる否定疑問の命令や依頼は、上記のイカンなどの決り文句のように、伝えられる内容の中での一体化であるが、センの接続した形式は、客観的な内容に主観的な形式が接続しているので、文法的にも意味的にも本来の述語の役割となるのである。

2.6　アルの否定

　アル（有る）には逆にンが接続しない。客観的に存在を否定する「アル＋ン」は形容詞ナイで表す。これは叙述だけではなく、仮定表現その他も同様である。この現象もこの地方だけではない。しかしセンはアルに接続できる。アル＋センは、アルの主観的否定であるから、評価の入った「なくて残念」、あるいは「絶対にない」という強い確信など、話し手の心情が含まれた否定となる。

　　ヒマナンカ　ナイヨ　　　（暇なんかないよ）
　　ヒマナンカ　アレセンヨ　（暇なんか有りゃしないよ）

センの接続に関しては、アルは、「読む」「書く」など一般の動詞と同様であり、特別ではない。

アルに関しては注目すべき点もある。完了のアスペクト接辞タルの起源は「て＋ある」であるが、それにはンもセンも接続する。この場合、標準語の訳文ではアルの部分が消えてしまうのと比べると、アルの部分が残るのが特徴である。

　　カイタラン　　　（書いてない）
　　カイタレセン　　（書いてはない）

2.7　一部の派生動詞の否定

一部の派生動詞には、場合によってンが使えないか、あるいは使いにくいものがある。主な派生接辞は次のようである。

　－ラカス　（望ましくない原因によって意図しない不本意な結果を起す）
　　サイフ　オトラカス　　（不注意などで財布を落としてしまう）
　－ガル　　（形容詞語幹などに接尾する標準語の「－がる」と同じ）
　　ウレシガル　　　　　（嬉しがる）

これらの派生動詞自体にはンもセンも接続できる。連体・仮定などの表現では、当然ンが使われる。

　　ワラカサン　ヨーニ　ナッタ　　（不注意で割らなくなった）
　　イキタガラナ　エーケド　　　　（行きたがらなければいいけど）

しかし叙述の場合には、実際の例を見ると、センの接続していることが多い。ンを接続させると非文になるというわけでないが、あまり使われないようである。

　　ワラカセセン　（不注意などで割ってしまうことをしない）
　　ウレシガレセン　（嬉しがりはしない）

これらに主にセンが接続するのは、派生動詞の意味にある。これらの派生接辞の意味には、話し手の評価や推測という判断に似た意味が含まれるので、主観的で判断の含まれるセンの方が接続しやすいのである。

叙述に主にセンが使われることを除けば、これらの接辞による派生動詞の文法的性質は一般の動詞と同じグループに分類できる。センが接続しやすいのは意味との関係であり、文法的な制約ではない。

3　否定表現の職能

　ンとセンでは、意味の相違もあるし、文法的には上述のような相違がある。さらに第3章で見たように、[命題]Ⅳの段階を構成する否定表現もある。両者のこのような特徴からそれぞれの職能を考える。
　ンには次のような特徴がある。
　　　a　意味は、否定命題を客観的に述べている。
　　　b　仮定などを含め、いろいろな表現が使われる。
　　　c　連用形のズは[命題]Ⅳの段階に現れている形式と同じである。
　　　d　否定を含む全体で1単位となっている形式に現れる。
　　　e　否定疑問が一体化して慣用的に命令や依頼の意味となる。
　センの方は以下のようである。
　　　a　意味は、肯定命題を個人の判断で否定している。
　　　b　主文の言い切りに使われる。
　　　c　意味的に人称が制限されることがある。
　　　d　話し手の判断の及ばない1単位化した形式には出現しない。
　　　e　否定疑問などでも、話し手の主観が保たれた文である。
　これらから、両者の相違は次のようである。ンは、個人的心情と無関係で、[命題]に含まれる否定である。従っていろいろな役割の文成分を構成し得るし、慣用化した形式を構成することもできる。これに対してセンの方は、話し手の裁量による否定であり、[命題]ではなく、[命題]に関する話し手の[判断]としての否定である。従って話し手の判断の及ばない決り文句の一部分として埋没してしまうような使い方はできないし、否定疑問でも否定の意味が摩滅して命令や依頼に転用されることがない。この地方のンとセンは異なる職能を持っている別の種類の形式である。両者は、否定の強弱などというような意味の程度で説明できるものではないし、表現のゆれというようなものでも、場面や待遇などに関する問題でもない。
　ン・センを[[[命題]判断]態度]という構造の中に位置づけると次のようになる。
　　　[[[動詞＋ン]　　]]

[[[動詞＋　　]セン]]

ンが[命題]、センが[判断]という職能は、前田（1955）の「論理価値」と「感情価値」に当たると思われるし、工藤（1992）の「客体的否定」と「主体的否定」と基本的に同じである。他方言ともある程度一致しているので、上の職能についての説明は妥当であると考える。ただしここでは、両者の区別に止まらず、前章のトルとヨル同様に、述語構造の[命題]と[判断]を分ける基準になることを述べておきたい。

4　否定表現とトル・ヨル

　上のようなンとセンの相違は、前章で見たトルとヨルの関係と同じである。個々の形式を[[命題]判断]という構造に当てはめて、簡単にまとめると以下のようになる。

　　ヨマン　　　　　[[読む＋ン　　]　　]
　　ヨメセン　　　　[[読む＋　　]セン]
　　ヨンドル　　　　[[読む＋トル]　　]
　　ヨミョール　　　[[読む＋　　]ヨル]

　そこで次に、否定形式とトル・ヨルの共起した構造を見る。これらの共起は、トル・ヨル＋否定形式の順序で現れる。

4.1　共起の構造

　トルとンは[命題]を構成する形式であり、順序はトルの方がンより前である。また[命題]には[判断]が接続するので、トルを否定するには[命題]のンも[判断]のセンも接続できる。その構造は下のようになる。

　　ヨンドラン　　　[[読む＋トル＋ン]　　]　（読んでいない）
　　ヨンドレセン　　[[読む＋トル＋　]セン]　（読んでいるのではない）

　動詞＋ヨルを否定するとき、ヨル＋ンという連続は、意味は分かるにしても、この地方では極めて不自然であり、ヨル＋センが使われる。ヨル＋ンが不自然に感じられるのは、述語構造の枠組みと形式の順序が逆になるからである。「動詞＋ヨル」は、ヨルの接続した段階で全体が[判断]の枠に達しているので、それに接続できるのは同じ[判断]のセンだけである。

もう一度[命題]に戻ってンを接続させることはできない。

　　×ヨミョーラン　　　[[読む+ン]ヨル　　　]

　　ヨミョーレセン　　[[読む+　]ヨル+セン]

トル・ヨルと否定形式の共起した形式を図示すれば、全体の構造は次のようになっている。

　　ヨンドラン　　　　[[動詞+実現+否定]　　　　　　　]
　　ヨンドレセン　　　[[動詞+実現+　　]　　判断否定]
　　ヨミョーレセン　　[[動詞+　　　　]目撃+判断否定]

当方言にはトルとヨルの共起がある。その否定はほとんど使われないようであるが、使われた場合の構造は次のようである。タはここでは過去としておく。

　　ヨンドリョーレセナンダ[[動詞+実現+]目撃+判断否定+過去]

4.2　共起した構造の意味

　トル・ヨルと否定表現が共起した構造の意味を少し詳しく見よう。もう一度それぞれの意味を列挙すると、次のようである。

　　ン　　[話し手が[主語が～しないこと　]を述べる　　　　　　　　]
　　セン　[話し手が[主語が～すること　　]を自分の判断で否定する]
　　トル　[話し手が[主語が～していること]を述べる　　　　　　　　]
　　ヨル　[話し手が[主語が～すること　　]を目撃情報として述べる]

　意味を考えるには動詞を分けた方がよいので、ここでは「読む」と「死ぬ」とを例にする。

　トルは動詞の意味の「実現状態の継続」を表している。これにはンとセンが接続し、意味は下のようである。

　　ヨンドラン　　　[[読んでいない]　　　　　　]
　　ヨンドレセン　　[[読んでいる　]のではない]

ヨンドランは「読んでいる状態でない」ことを事実として述べていて、話し手の見解は加わっていない。その上、前章で見たように、トルは目前の事態以外にも言及できる。従ってヨンドランは、読むことの実現状態継続が否定されれば、目前のことでなくてもよいので、読破した経験や読書の習慣などのない場合にも使用できる。それに対してヨンドレセンは、「読

んでいる状態の継続」が予期される場面で、実はそうではないことを話し手の主観を交えて述べている。例えば、本を買ってきて机に向かったから当然読んでいるはずという場面で、眺めているだけ、居眠りしているなど、主語（話し手の場合もあり得る）が読まずにいることを、他人への評価や話し手の主張などを含めて述べている。

　ヨルの方は、現場での目撃・経験という［判断］であるから、センだけが接続する。

　　　ヨミョーレセン　　［［読む］のを目撃（経験）しているのではない］

これは、「読む」のを目撃することが予想される現場で、他人の読書を目撃していない、あるいは自分が読む行為をしていないという、評価や主張を交えた主観的な報告である。

　ヨルの意味は現場での目撃・経験であるから、ヨミョールは現場で読むのを目撃しているのである。ところがヨンドルの方も読み始めた後の実現状態を表現するので、話し手の目前で現在の行為であれば、ヨンドルとヨミョールは、客観的か主観的かが異なるだけで、表現されている風景の違いはほとんどない。それを同じセンで否定したヨンドレセンとヨミョーレセンは、ともにその似た風景に出会うはずであるのを主観的に否定したものである。この場合、風景が似ているのは動詞の意味によるのであって、トル・ヨルやセンの問題ではない。

　風景の区別は「死ぬ」のような動詞で考えればはっきりする。瞬間動詞は実現の瞬間が完成であって、実現の前後が分かりやすいからである。

　　　キンギョワ　シンドレセン　　　［［金魚が死んでいる］のではない］
　　　キンギョワ　シニョーレセン　　［［金魚が死ぬ］のを目撃していない］

シンドレセンは、「死んでいる」と予想された金魚が実は生きているのだと言っている。しかし健康なのか病気なのか、その状態は述べていない。その直後に死ぬくらいの重症かもしれない。「死んでいる」という［命題］を否定して、まだ生きていることを述べているだけである。しかしシニョーレセンの方は、金魚が死にかけて瀕死状態になっている事態が予想されたが、実は死んでいくのを目撃していない、つまり死ぬほどの重態ではないという、金魚の健康についての判断・意見を述べている。

　動詞「行く」の場合でも同様である。

第6章　否定表現と判断　　117

タローワ　イットレセン　　　[[太郎が行っている]のではない]
　　　タローワ　イキョーレセン　[[太郎が行く]のを目撃していない]
イットレセンは、今既に到着している、過去に行ったことがあるなど、目的地に行っている事実が予想される場面で、到着という事実も経験もないことを述べている。イットレセンが現在の状態のことであれば、出発以前と出発以後未着の場合とがある。イキョーレセンは、行くのが予想される場面で、行くのを目撃していないことを述べている。つまり話し手が目撃できる地点に止まったままであること、一般には出発以前であることを表現している。

　動詞＋トルは[命題]の一部であるから、ンもセンも接続し、意味はその合計である。動詞＋ヨルは[判断]であるから、同じ[判断]であるセンだけが接続する。否定の形式を基準としてみると、前章で見たトルとヨルの文法的な相違も明確に見えてくる。

5　命題の構造

　2章にわたって[命題]と[判断]の境界に位置する形式を見てきた。トルとンは[命題]を構成する形式であり、このことは先に述べた名詞化の現象とも一致する。従って述語要素のうちの
　　　動詞＋使役＋受動＋授受＋アスペクト（トル）＋客観否定（ン）
までが[命題]を構成している。
　これより後の部分は[判断]であり、目撃（ヨル）や主観否定（セン）などはそちらを構成する形式である。[命題]と[判断]の境界の一つはンとセンの間にもある。逆に言えばこのンとセンも[命題]と[判断]を分ける基準として使うことができる。

第7章　判断を構成する要素

　[判断]は、[命題]について話し手の主観的な解釈や心情を付け加える部分である。[判断]を構成する要素について、本章で主に述べたいことは次の2点である。

　レル〜ラレルは、一口に受身・尊敬・可能・自発と言われるが、受動と尊敬では職能が異なる。受動は[命題]を構成するが、尊敬は[判断]を構成している。

　タは、テンスやアスペクトなどを表すのではなく、話し手の「確認」という主観的な意味を表す形式である。

1　判断の要素

1.1　要素の種類

　[判断]を構成する要素には次のようなものがあり、これらは文の意味に必要な場合だけ出現するオプション要素である。

　　　目撃　　　方言のヨル
　　　尊敬　　　レル〜ラレル
　　　丁寧　　　マス
　　　主観否定　方言のセン
　　　確認　　　タ〜ダ

　日本語には、目撃を表すヨルの意味概念を持たず、否定もンとセンの区別のない方言も多い。標準語もそのような方言を基盤としている。また尊敬語と丁寧語は「敬語」としてまとめられることがあるが、これらは同一

述語内で共起するので、別の枠として分ける。方言には複数の尊敬の派生接辞を持つものもあるが、標準語ではレル～ラレルだけである。その代わり標準語には丁寧の接辞マスがあるが、方言にはマスのような接辞を持たないものも多い。

　このような出入りがあるので、[判断]全体の構造を標準語や特定の方言の一貫した記述として述べると、上の要素の説明で欠けるところがでてくる。さらにこれら以外にも、各地の方言には筆者の知らない要素があるだろう。上は、[命題]の場合と同様に、[判断]についての暫定的なリストである。標準語や西日本型諸方言に見られる全ての要素を備えた方言があるとすれば、[判断]の要素として上のような順序で現れる。欠ける方言ではその部分をパスして現れる。

1.2　既に述べた要素

　トルとヨル、ンとセンはアスペクトや否定という文法範疇内で意味的に対立する一対のものと見なされてきた。しかし前の2章にわたって述べたように、そのような範疇は日本語以外の論理に従ったものであって、トルとヨル、ンとセンを記述的に整理すると、これらそれぞれは意味も文法的職能も異なる別の種類の形式である。

　まず意味を見ると、トルとヨルでは次のように異なっている。
　　　トル　［話し手が［主語が～していること］を述べる　　　　　　　］
　　　ヨル　［話し手が［主語が～すること　　　］を目撃情報として述べる］
ンとセンについても同様である。
　　　ン　　［話し手が［主語が～しないこと　　］を述べる　　　　　　　］
　　　セン　［話し手が［主語が～すること　　　］を自分の判断で否定する］
トルンとは、上のように客観的意味を表していて、第3章で見たように名詞化するので、これらは[命題]を構成する形式である。ヨルとセンは話し手の主観的判断を表し、名詞化しない。これらは本章で述べる[判断]を構成する形式である。

　トルとヨルが共起する場合や、トル・ヨルとン・センとが共起する構造についても既に述べた。いずれもトルとンが[命題]を構成し、ヨルとセンが[判断]を構成する形式であることと矛盾するものではない。ここでは仮

にタを過去としておく。

  ヨンドリョーッタ [[動詞＋実現＋]目撃＋   過去]
  ヨンドラン   [[動詞＋実現＋否定]   ]
  ヨンドレセン   [[動詞＋実現＋] 判断否定]
  ヨミョーレセン [[動詞＋   ]目撃＋判断否定]
  ヨンドリョーレセナンダ
          [[動詞＋実現＋]目撃＋判断否定＋過去]

　[命題]と[判断]の境界は、トルとヨル、ンとセンの間にある。[判断]を構成する要素では、ヨルが一番前に現れるので、ヨルの前までが[命題]、ヨル以降が[判断]ということになる。

2　尊敬・丁寧など

2.1　尊敬表現

　標準語の尊敬表現には「言う／おっしゃる」「食べる／召し上がる」のような語彙的手段によるものと、文法的な派生接辞レル～ラレルによるものとがある。標準語は東日本型方言を基盤としているためか、語形による表現はあるが、西日本型方言のような派生接辞という文法的手段による表現は少ない。

　ある場面で「おっしゃる」などや一般的な「お～になる」を使うのは語の個々の選択であり、文法的な現象ではない。これらの形式は、次のように、複合動詞の一部として名詞化できる。

  おっしゃる＋方法→おっしゃり方
  召し上がる＋時期→召し上がり時

従ってこれらは、「言う」「食べる」などと同様に、客観的な[命題]部分を構成している。「言う」と「おっしゃる」を比べると、後者には尊敬という話し手の判断が加わっているように思われるが、それは形式の意味内容であって、文法的に表現されたものではない。これらの敬語動詞は文法的には単純動詞に準ずる形式であり、[命題]の一部である。

　尊敬の接辞はレル～ラレル（本章ではレルで代表させる）である。このレルは受動や可能のレルと同じ形である。しかし尊敬のレルは、述語構造

の中で果たす役割が受動のレルとは異なっている。例えばテイルなどと共起した場合、受動はその前に、尊敬はその後に現れる。

  受動 見＋られ＋ている
  尊敬 見＋ ておら＋れる

それぞれの構造は下のようになる。

  受動 [[[mi-rare-te'i-]]ru]
  尊敬 [[[mi- te'or-]are-]ru]

標準語で尊敬の表現として普通に使われるのは「見ておられる」より「ご覧になっている」であろうが、接辞レルを使うとすれば、上のようにテオルの後に現れる。

　上の受動と尊敬の構造において、標準語ではテイルとテオルという異なる形式であるから、説明がやや苦しい。しかし方言では同じ形式トルの前と後であるから、受動と尊敬は異なる構造をなしていることがはっきり分かる。ただしレルは共通語的であるから、尊敬表現にはあまり使わない地域もある。

  受動 [[[mi-rare-tor-]]u]
  尊敬 [[[mi- tor-]are-]ru]

　第3章で述べたように、受動レルは[命題]を構成する形式である。しかし尊敬のレルは受動のレルと異なる位置に現れているし、尊敬のレルの接続した形式は名詞化できない。またその意味を見ても、動作主に対する話し手の評価や見方という主観的なものである。これらのことから、尊敬のレルは[判断]を構成する形式であることが分かる。同じレルでも、尊敬は[命題]の受動とは職能が異なっている。『広辞苑』付録の「助動詞活用表」で受身と尊敬を別のものとしているのは正しい。

　上述のように、語の選択による「おっしゃる」のような表現は[命題]の形式であり、文法的な接辞レルによる表現は[判断]を構成している。両者は尊敬語としてまとめて扱われることもあるが、それは意味的な分類である。文法的な職能が異なるので、言語構造としてみれば同じレベルの表現方法ではない。

　次に方言固有の接辞を見ることにする。愛知県西部にはッセルという尊敬の接辞がある。

書かッセル　　kak-aQse-ru　　（お書きになる）

この接辞が接続した形式は名詞化しない。またはヨルと共起すると、ヨル＋ッセルの順序で、ヨルより後に現れる。この二つのことから、当方言の尊敬のッセルは[判断]を構成する要素であることが確認できる。

　　[[書き＋　　　]ヨラ＋ッセル]
　　[[書い＋トラ＋]　　　ッセル]

以上のように、接辞による尊敬表現は、標準語でも方言でも[判断]を構成する要素である。

2.2　可能表現

尊敬のレルのついでに可能表現についても見てみよう。五段型動詞では可能動詞が使われるので、可能の接辞は、五段型以外の動詞に接続するラレルだけである。

　　　書ける　　　　kak-e-ru　　　　可能動詞
　　　逃げられる　　nige-rare-ru　　逃げる＋可能の接辞

可能の表現とテイルを共起させると、五段型動詞では接辞による①と可能動詞による②の 2 種類の形式がある。しかし他の型の動詞では、可能表現としての④は不自然である。ラレル＋テイルの順序では受動に取られるであろう。

　　①　書いていられる　　（書く＋テイル＋可能ラレル）
　　②　書けている　　　　（書く＋可能の -e- ＋テイル）
　　③　逃げていられる　　（逃げる＋テイル＋可能ラレル）
　?④　逃げられている　　（逃げる＋可能ラレル＋テイル）

標準語では②のような可能動詞は[命題]を構成する形式であるから、可能を表す形態素はテイルの前に出現している。ところが①③の可能の接辞ラレルはテイルの後に現れている。そしてその可能のラレルが接続した形式は名詞化しない。テイルの後という位置関係と名詞化しないことから、可能の接辞も[判断]を構成していることが分かる。

可能のラレルが[判断]の形式であるから、上の④では、[判断]の後に[命題]を構成するテイルを接続させるのが難しいのである。ところが、愛知県西部のように、ラレルに当たる形式がレルである方言でこれらを共起

させると、下のように「トル＋可能」と「可能＋トル」のどちらの順序もあり得る。ただしトルによる派生動詞は五段型に活用するので、⑤では可能動詞 -e- の形になる。

 ⑤ nige-tor-e-ru （逃げる＋トル＋可能の -e-）
 ⑥ nige-re-tor-u （逃げる＋可能レル＋トル）

この⑤と⑥の意味の相違は、標準語の①と②の相違に対応している。⑤の意味は、現在も未来も「逃げ続けることが可能である」という継続状態を表しているし、⑥は現在「既に逃げることができている」という②に対応する実現状態を表している。標準語の場合、五段型以外の動詞でこの意味を表そうとすると、上の④のような形になってしまう。

 方言で⑥のような表現ができるのは、ニゲ＋レが五段型動詞の可能動詞と同様に機能しているからであろう。

 [[[kak- e-tor-]]u] （書けている　書くことができた状態である）
 [[[nige-re-tor-]]u] （逃げることができた状態である）

従って受動と可能を次のように区別できる。

 [[[nige-rare-tor-]]u] 受動
 [[[nige-re -tor-]]u] 可能

 ニゲレルなどが五段型動詞の可能動詞と同じ構造であることは、否定する場合に客観否定のンが接続できることからも確認できる。方言における可能レルはンより前に出現するので、[命題]を構成している。

 kak-e-N （書けない）
 de-re-N （出られない）

さらに、レルが[命題]であることは、ヨルと共起する場合、[判断]の先頭のヨルより前に現れることからも確認できる。

 de-re-'joor-u （出られる途中であるのを目撃している）

可能の表現では、標準語のラレルは[判断]であるが、方言のレルでは可能動詞と同じ[命題]である。ただし現在広く使われるようになった「ラ抜きことば」の職能がどちらであるかは、東京などではンやヨルで確かめられないので、不明である。

 ラ抜きことばがさらに一般的になれば、五段型以外の動詞にも「可能動詞」というグループができるかもしれない。このことは、言語変化の観点

から既に井上 (1998) が述べている。

2.3 丁寧

標準語の丁寧の接辞はデス・マスである。動詞述語に現れるのはマスであるから、ここではマスについて述べる。

マスは動詞の連用形に接続する。しかし上のレル〜ラレルのように、完全な動詞型に活用する派生動詞を構成するのではない。動詞の活用に合わせて整理すると、下のようになり、特別の活用と言える。ここでは一種の派生動詞として扱う。

　　　　　　　　語幹形　未然形　連用形　連体形　音便形
　書きマス　　-mas-　-mase-　　　　-masu-　-masi-

マスは、［判断］の中の尊敬の接辞より後に現れるので、［判断］を構成する形式である。

意味の面でも、マスは［命題］に新しい情報を付け加えず、丁寧な表現にするという話し手の主観的な心情である。しかしこの丁寧な表現というのが問題である。「丁寧さ」は、文全体を覆うスタイルであって、受動や否定などのような、特定の形式と結びついた分節的な意味ではない。［命題］や［判断］などという枠組みを越えて超分節的に働くものである。マスは、文法的には他の要素と同レベルのオプション要素として［判断］を構成しているが、意味的には文全体を覆う超分節的なスタイルであるので、形式面と意味面との間に食い違いが見られる特別の形式なのである。

分節的な形式でありながら超分節的な意味に関するという矛盾など、標準語のマスの特徴については、改めて第 10 章で方言の丁寧表現と比べながら述べる。

3　確認のタ

3.1　タの意味

動詞などの終止形とタの接続した形とが併置され、下のように「ル形」と「タ形」が対立すると言われることがある。この -ta は過去というテンスあるいは完了というアスペクトを表すものとされ、-ru の方は「非過去」

と言われる。

　　見る　mi-ru　　ル形
　　見た　mi-ta　　タ形

このように並置する根拠は、先にテンスなどの文法範疇があり、ルとタがその中で対立する要素であるという、印欧語的な発想によるものである。このような考え方によれば、過去でなければ非過去、非過去でなければ過去というように、文はどちらか一方を選択していることになる。

　しかし日本語のタは、固有の積極的な意味を持つ形式であって、文にタの意味が必要な場合に出現するオプション要素の一つである。ルの反対などという消極的なものではない。もちろんタによって過去を表すことはできる。しかしそれは「できる」だけであって、タが文法体系の中でテンスを表すための形式であるということではない。記述の手順は、形式Aが意味aを表すことができるかどうかではなく、形式Aの用法や分布から体系内でのAの位置を確定することである。

　タがテンスやアスペクトなどを表す形式であるとすると、矛盾が発生する。前述のように、トルやテイルはアスペクトを表して［命題］を構成する形式である。このことから解るように、アスペクトなどは客観的な意味であり、［命題］の中の意味である。タは、その位置からも、名詞化できないことからも、［命題］を構成する要素ではない。従ってタの意味はテンスやアスペクトなどではなく、別にある。

　タの意味は、抽象的に捉えれば、話し手の「確認」という主観的なものである。この確認という話し手の判断結果を、テンスという視点から見れば「過去」、アスペクトという視点で見れば「完了」と捉えることができるし、先行諸研究に見られる「実現性」なども、既にある現象が話し手に確認されているということである。過去とか完了などは、個々の文脈で見られる具体的な意味に印欧語的なテンスなどの枠を当てはめたものである。文法的な意味についても、前後関係その他の条件を排除して抽象化し、形式が持つ意義として捉えるべきである。

　ルはタに対立しているのではない。ルの文はタと無関係、つまり話し手の確認とは無関係に成立しているのであり、「確認」に対立する「未確認」を表しているのではないし、「過去」に対立する「非過去」を表すわけで

もない。動詞の種類によって、ルの文の意味が現在や未来の事柄と一致することもあるが、積極的にテンスを表しているのではない。日本語ではテンスという概念は文法的なものではないので、敢えて「非過去」という必要はなく、ル自体の持つ意味は無色の「叙述」である。

タのない形は話し手の確認と無関係であるが、次のような文は話し手が確認しているようにも見える。

　　机の上に本がある。

しかしこれはアルという動詞の意味が状態を表し、話し手はそれを無色のル (-u) で叙述しているのであって、確認しているのではない。探しものを見つけたときのアッタという確認そのものと対比すれば、アルは叙述しているだけということが分かる。

3.2　タと文成立形式

タは「確認」という話し手の主観を表し、本章で述べている［判断］の全ての形式に接続する。従って結論としては、タ自体も［判断］を構成し、その最後尾に出現する形式と解釈できる。

ここでは、タと［態度］の文成立形式の関係を見て、タが［判断］を構成する要素であることを確認しておく。第2章で述べたように、学校文法の終止形の語尾は必須の文成立形式であり、全体の構造は「語幹形＋-u〜ru」である。これに対して連体形の -u〜ru は、［［命題］判断］の中で連体形という活用形を形作り、連体修飾成分や体言相当句を構成する形式である。両者は職能が異なっていて、渡辺（1971）の用語では「陳述」と「展叙」という相違がある。

　　a　見る（文成立）　　[[[mi-]]ru]
　　b　見る（＋体言）　　[[[mi-]ru]]

タについても同様のことが言える。終止の形を mita とすると、連体形と形が同じになり、意味がともに「過去」などであっては、両者の区別ができない。仮に、ある範疇内でル形とタ形がテンスを表すという考え方で分割し、終止のタを文成立形式とすると、上のaとbの -ru の関係に対応して、タはcとdのようになる。

　　c　見た（文成立）　　[[[mi-]]ta]

d　見た（＋体言）　　　［［［mi-］ta］　］

　第2章で述べたように、文成立形式の職能は「文を終ること」つまり陳述である。陳述の種類は、叙述、命令、禁止、意志、否定意志、推量の6種類であるから、タは陳述としては叙述を表すことになる。そうするとcのタは「確認（一歩譲って過去でもよい）」と「叙述」という2個の意味を持つ形式となり、形態素の原則「1形式1意味」に反している。意味が2個あれば、形式も2個あるはずである。もちろんこのことは mi-ru のルにも当てはまるのである。ルの意味は、陳述の意味「叙述」だけであり、「叙述」と「非過去」の2個の意味を持つことはない。「非過去」など初めから存在しなかった概念なのである。

　文の終り方として、表現する態度を表す

　　叙述／命令、禁止、意志、否定意志、推量

という対比は自然である。しかし過去という意味と、命令や意志などのような文成立形式の意味とを対比できるわけがない。ルなどの文成立形式とタとは属するグループが異なるのである。従ってル形とタ形とが対立すると仮定した前提が誤りだったのである。

　形態素の意味は1個であり、タが本来の意味を表すならば、文成立の叙述を表す形式は別に存在する。そこで別の案として mi-ru・miru と同じことを ta に適用し、ta を t- と -a に分割すると、t- が確認を表し、-a が文成立形式として叙述を表すとすることができる。連体形の方は連続しているので、意味との関係は下のようになる。この分節法は、動詞の活用のところで見た音便形の分割 mi-ta と mit-a を思い出させる。タ〜ダが t〜d となるし、やや無理気味である。

　　見た（文成立）　　　［［［mi-］t-］a］　　［［［見る＋］確認＋］叙述］
　　見た（連体形）　　　［［［mi-］ta］　］　　［［［見る＋］確認　　］　　］

　そこで次にこのタを分割せず、終止形を ta-φ と解釈して、φ という文成立形式を設定することもできる。そうすると構造は次のようになる。

　　見た（文成立）　　　［［［mi-］ta-］φ］
　　見た（連体形）　　　［［［mi-］ta　］　］

安易にφを設定するのは避けるべきである。しかし話し手の意図を表して文を成立させる必須の文成立形式が何らかの形式で存在する。この場合、

タを分割するよりはφの設定を選択したい。ここまでは動詞と派生動詞について述べてきたので、終止形語尾の -u〜ru を分割することで解決できた。しかしタのように動詞型に活用しない形式で叙述の文を終る場合、φを叙述の形式とした方が、無理な説明が少なくて済む。特に否定のン・センなど分割できない形式の場合、φを設定する以外に方法がない。文成立形式 -u〜ru の異形態φを設定することについて、現在のところこれ以上説得力のある説明はできない。

3.3 タの職能

上のように、タは［判断］の形式であり、その意味は確認である。タが接続した場合の文成立形式はφである。

見た　　［［［見＋］た＋］φ］

そこで次に、職能という点から「ル形」と「タ形」を比べると、構造の相違は次のようになる。

見る　　［［［mi-］　　］ru］　　［［［見る＋］　　　　］叙述］
見た　　［［［mi-]ta-］φ］　　　［［［見る＋］確認＋］叙述］

上の構造の相違はタの存否であって、「見た」は「見る」に［判断］のタが加わった構造である。「見る」は叙述をルで表した文であり、「タ形」はφで表した文である。従ってルと対比されるのは、タではなく、φである。そしてルもφも叙述の文成立形式 {-u〜ru〜φ} の異形態である。この形態素を代表的な異形態で仮に「ル形」と呼ぶならば、「タ形」もφによる叙述の文であるから、「タ形」と「ル形」とは対立するものではなく、「タ形」も「ル形」の１種なのである。

確認のタは［判断］、ルは［態度］の形式であり、両者は職能が異なる。このように職能の異なるタとルとを対比させることはできないので、ルとタを要素とする文法範疇は日本語の論理によるものではない。日本語にテンスという文法範疇はない。

タは［判断］の最後尾を締めくくるオプション要素であるから、１個の述語の中でタと中止法のテが共起することはない。出現すれば、それぞれが別の［判断］となる。しかしテに特別の形式（辞書的意味の薄まった形式）が接続する場合は、現代ではテの意味は消え、テと後続の動詞は一体化し

て[命題]を構成する派生接辞を構成している。この場合はテとタが1個の述語の中で共起することになる。

　　手紙を書いて出した　　　[[[書い]テ]+[[出し]タ]φ]
　　手紙を書いていた　　　　[[[書い+テイ　]タ]φ]
　　手紙を書いてやった　　　[[[書い+テヤッ]タ]φ]
　　手紙を書いておいた　　　[[[書い+テオイ]タ]φ]

話しことばで、テイルがテル、テシマッタがチャッタとなるのは、このように一体化した形式であるからである。

4　判断部分の構造

　[[[命題]判断]態度]という構造の中で、[判断]の部分を構成する要素とその順序は下のようである。

　　　1　目撃　　（方言のヨル）
　　　2　尊敬語　（レル〜ラレル・方言の接辞）
　　　3　丁寧語　（マス）
　　　4　主観否定（方言のセン）
　　　5　確認　　（タ〜ダ）

ただし目撃のヨルや主観否定のない方言や標準語では2・3・5だけである。また丁寧語のない方言ではその部分が欠ける。下の全てを持つ方言があるかどうかは確認していない。詳しく調べれば、方言によってはこれ以外の要素を持つことがあるかもしれない。

　この[判断]の内容までで、伝える情報の中身が出そろい、意味内容としては文に相当する量になっている。これだけで連体修飾成分などにはなり得るが、文成立形式によって[態度]が表現されていないので、独立の文としては機能しない。

#　第8章　終助詞類の分類

　［態度］を構成する要素は、文成立形式と終助詞である。文成立形式については既に述べたので、本章では終助詞について述べる。一般に「終助詞」とされている諸形式は、主に意味によってグループ化されたものが多いから、職能によって分類しなおされなければならない。

1　態度を構成する要素

1.1　要素の種類
　前章の［判断］は［命題］に対する話し手の関り方を表す部分であるから、この［判断］までで情報の中身は出来上がっている。しかしそれだけでは文として成立しない。ここで述べる［態度］は、情報の中身としての意味を付け加えるのではなく、話し手の表現意図などを表す部分である。この［態度］の形式が接続した段階で、対話の場面で話し手の意図を伝える文が成立するのである。
　［態度］が接続することによって生ずる相違は次のようである。
　　　［［命題］判断］　　　　　南説のBに当たる部分
　　　　意味　伝えられる情報の中身
　　　　職能　文以下の文法単位をなす。
　　　［［［命題］判断］態度］　　南説のCに当たる部分
　　　　意味　伝えられる情報＋表現する態度
　　　　職能　独立の文として成立する。
　［態度］を構成する要素は文成立形式と終助詞である。意味はどちらも話

し手の意図を表現するものであるが、文法的に見ると、両者には下のような相違がある。

  文成立形式　　　付属形式　必須要素
  終助詞　　　　　付属語　　オプション要素

付属形式と付属語は、服部（1950）に従った用語であり、単語以下のものと単語の区分である。区別する原則の一つは以下のようである。

  職能や語形変化の異なる色々の自由形式につくものは自由形式（即ち、「付属語」）である。

自由形式は付属語という単語の一種であるが、付属形式は特定の職能の形式だけに接続するものであり、前接の形式と一体化してできる単語の一部になるものである。

　文末に現れる形式を見ると、禁止のナは、動詞の特定の活用形だけに接続するので、付属形式であり、「書くな」全体で1個の単語である。もちろん命令 kak-e の -e なども付属形式である。文成立形式とは、動詞述語の構造を完成させる必須の要素であるが、付属形式であり、常に動詞を含む構造と一体化して現れる。それに対して、疑問のカは、「書くか」「速いか」「本物か」「それだけか」のように、職能の異なる種々の形式に接続するので、自由形式（付属語）である。終助詞は、このように単語と認められる形式のグループである。

　文成立形式は付属形式であるから、動詞の活用形からこの文成立形式までは1個の単語となっている。

  [[[kak-]]e]　　（書け）
  [[[kaku-]]na]　（書くな）

このことはオプション要素の接辞が付加されても当てはまる。構造が長くなっても全体が1個の単語であることに変りはない。第2章で述べたように、動詞述語の基本部分は、動詞を核として1個の単語となった付属形式の連続体である。

  [[[kak-ase-rare-]]ru]　（書かせられる）

このように長短に関らず1個の単語となっている形式に、終助詞がオプションとして接続する。

  [[[kak-ase-rare-]]ru-zo]　（書かせられるぞ）

［態度］の部分はこの最後部であり、文成立形式と終助詞によって構成され、出現する順序は「文成立形式＋終助詞」である。終助詞は付属語ではあるが単語であるから、独立的である。従って文成立形式と終助詞の間には切れ目がある。終助詞も動詞述語を構成する要素ではあるが、諸形式の結合の関係は下のようである。

【［動詞活用形＋オプション要素＋文成立形式］＋［終助詞］】

文成立成分と終助詞の間には切れ目があるが、1個の述語の中でその間に他の形式が現れることはない。下のような叙述の場合に「副助詞」のダケなどが現れるように見えるが、動詞が語幹形から連体形に変っているので、異なった構造になっているのである。

　　書くぞ　　　　［［[kak-　　　]] u-zo]
　　書くだけだぞ　［［[kaku-dake-da]]φ-zo]

［態度］で表されることはモダリティと言われている部分と重なるところが多い。しかしモダリティ論の中には、意味だけに頼っていて、構造や職能などの文法面を重視しないものもある。意味は情報の中身についての問題であって、中身を運ぶ文の仕組みについては形式の文法的な面を見て整理すべきである。

1.2　文成立形式

文成立形式については既に第2章で述べた。ここではその形式を列挙するに止める。

　　-u〜ru〜φ　　　書く　　　　kak-u　　　　（叙述）
　　-e〜ro　　　　　書け　　　　kak-e　　　　（命令）
　　-na　　　　　　 書くな　　　kaku-na　　　（禁止）
　　-oo〜'joo　　　　書こう　　　kak-oo　　　 （意志）
　　-ma'i　　　　　　書くまい　　kaku-ma'i　　（否定意志）
　　-daroo　　　　　書くだろう　kaku-daroo　 （推量）

2　終助詞

終助詞は文成立形式の後に現れるオプション要素である。ここでは形式

の意味ではなく、学校文法で終助詞とされているグループを、職能という基準で分類しなおし、文構成との関連を見ることにする。

2.1 終助詞の定義

終助詞は一般にどのように考えられているか。いくつかの辞典でその定義を見てみよう。

a 『日本文法大辞典』

　文の終りにあって、文を完結させ、同時に感動・禁止・疑問・反語・願望・強意などの意味を表す助詞。

　終助詞は、体言や用言、その他いろいろの語につき、文を終止する働きを持つ。

b 『国語学大辞典』

　意義的に疑問・命令・感動など情意的な活動を表わし、職能的には文を成立させる助詞。

c 『言語学大辞典 6 術語編』

　文末に置かれ、文の叙述内容にさまざまな法（mood）的意味を与える助詞。付属語（synnomous word）の一種で、一般的には文の最終要素に付属するが、機能的・意味的には文全体を修飾する。

辞典類ではこのように述べていて、例をあげて細かい説明をしたり、諸学説を述べたりしている。

　これらについて若干述べておくことがある。aとbのように「文を完結させ」とか「文を成立させる」などいう文言が見られるが、文の完結や成立は文成立形式の役割であって、終助詞ではない。意味と職能を厳密に区別しない点では、これらの辞典も例外ではない。

　ここで注目されるのは、『言語学大辞典 6 術語編』が他と異なる内容になっているところ、特に次の 2 点である。

　　① 文を終るとか成立させるという文言がない。
　　② 文全体を修飾すると述べている。

　①については筆者の見解もこれに近い。というのは、他の辞典に書かれているように、終助詞が文の「完結」「終止」「成立」に関係するとは言えないからである。動詞述語の場合、文を成立させるのは上述の文成立形式

であり、終助詞はオプション要素である。場合によっては終助詞で文が終止することもあるが、「文を終止する働きを持つ」のではない。終助詞という範囲に含まれる形式の種類にもよるが、次章で述べる文末助詞のように、終助詞の後に現れる形式もある。

　次の②については、「文全体を修飾」という文言によく分からないところもある。終助詞は付属語であるから、文成立形式と終助詞の間に切れ目のあることではないか。この切れ目を境にして、終助詞は、意味的に前接の構造全体や文全体と関係しているということであろう。ただ機能的に文全体を修飾するということはよく分からない。文の成立とか終止とかに関っているということであろうか。

2.2　標準語の終助詞

　終助詞は異なる職能の形式に接続する自由形式（付属語）である。文として成立している構造に接続するから、前接の形式は動詞述語の場合だけとは限らない。以下での終助詞に関する考察は、名詞述語などの場合も含めて考える。

　学校文法での終助詞にはいろいろな形式が混在している。その中で、付属形式の禁止のナなどは除かれる。しかし自由形式として残った形式も一つのグループにまとめられるわけではない。分類に先立ち、職能や文構成に関係して述べている二三の先行研究を見る。以下では原文で「　」つきや平仮名で表記されている形式を全てカタカナにして引用する。

　「終助詞の機能」というずばりの名称のものに佐治（1957）がある。これは接続関係を見ていて、文構成に関っているかのようであるが、構文論的な職能については触れていない。またワ／トモ／ゾ・ゼ3種を並列してそれぞれに意味を与えているが、女性語ワと男性語ゾ・ゼの両方を自分のことばとして使う個人はいない。異なる場面で使われる形式に意味をつけて羅列しても、それは辞書に過ぎないのであって、体系とか分類にはならない。論文の題名は「機能」となっているが、細かいところは意味中心であり、終助詞を機能によって説明できているわけではない。

　渡辺（1953）では「陳述に与る終助詞を格助詞その他の叙述辞から区別して、これだけが厳密な意味での辞である」と述べている。以後、渡辺は

この視点から終助詞を段階づけて3種に分け、渡辺（1971）など多くを発表している。陳述論の一部として論じているので、文構成との関係という点では明確である。

　　第1類　判定とのつながりを持つ
　　　　　　　　　　　　　　カ　サ　ワ　ゾ（ゼ）ナ（禁止）
　　第2類　判定を離れて対象への訴えを表す　　ヨ（イ）
　　第3類　聞手への呼びかけだけを表す　　　　ネ（ナ）

　渡辺もワやゾを並置している。また禁止のナも入れている。この第1類は、分節的意味だけを持つ形式であり、筆者の定義で言っても、これは終助詞であると言っていいグループである。また第3類は、聞き手への呼びかけだけとされているが、これは、次章で述べる間投助詞に当たる。問題となるのは第2類であり、ここでヨとイをまとめるのは問題である。これについては後で考えることにする。またこれら相互の承接関係は第1類＋第2類＋第3類の順であるとするが、これも後に触れる。

　この渡辺説に対して反論したのが鈴木（1976）である。また後にそれを補って鈴木（1988）も発表された。鈴木（1976）では、話し手と聞き手の関り合いという観点から分類すべきだと主張し、男性語と女性語とに分けて系統樹風に分類している。男性の場合は図8-1のようになっている。しかし日本語という言語内のことであるから、具体的な形は異なっても、意味や職能の枠組みが大きく異なるということはない。男女二つを重ねて、

図8-1

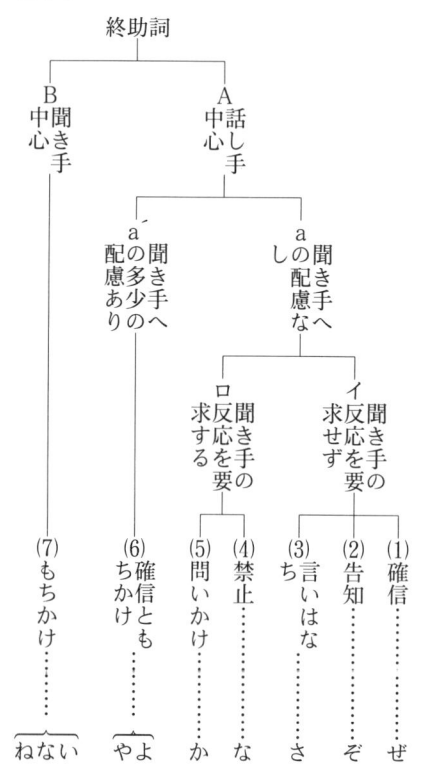

終助詞
├ B 中心聞き手
│　├ a' 聞き手への配慮多少あり
│　│　├（7）もちかけ……ねない
│　│　└（6）確信ともちかけ……やよ
│　└（ロ）聞き手の反応を要求する
│　　　├（5）問いかけ……か
│　　　└（4）禁止……な
└ A 中心話し手
　　└ a 聞き手への配慮なし
　　　├（イ）聞き手の反応を要求せず
　　　│　├（3）言いはなち……さ
　　　│　├（2）告知……ぞ
　　　│　└（1）確信……ぜ

基本的な枠組みとして提示すべきであろう。抽象的な体系が問題であり、男女の差など具体的な形はエティックな問題に過ぎない。鈴木の説明は渡辺説より細かいところまで及んでいるが、最終的な小分類はやはり意味中心になっていて、形と職能で考える文法の枠組みではない。鈴木説のAのａが渡辺説の第1類に当たり、イの所属が異なるが、a'が第2類、Bが第3類にあたる。承接関係は、渡辺が3種全部の連続を認めたのに対し、2種の連続しか認めず、鈴木の分類で言えば、a−a'、a−B、a'−Bのいずれかとしている。

　鈴木説で注目すべきは、イの位置付けである。鈴木（1988）では、イが疑問詞＋ダや疑問のカと共起することが論じられているが、ダ＋イを複合辞として、それ以上の文法的な説明がない。カ＋イの説明も細かいが、これも意味重視である。鈴木説は文法的でない点で賛成できないところが多いが、佐治説や渡辺説でヨと同一のものとして無視されていたイに光を当てたのは鈴木の功績である。

2.3　ヨとイなど

　学校文法でも諸家の説でも、カやゾなどについてはそれほど大きく異なるわけではない。問題は文末に出現するヨやイである。渡辺説ではヨとイを、佐治説ではヨ、イ、エ、ヤを同じものとして扱っている。これは残念ながら観察が不十分なためではないかと思う。

　まずこれらは現れる環境が異なる。ヨ・イ・エ・ヤの現れる環境を見ると、筆者の内省や知識では表8-1のようになっている。表の△は一部に現れるもの、×は、現れたとしても俗語であると判断したものである。こうして見ると、明治期の小説などを含めたとしても出現しそうもない連続がある。従ってヨ・イ・エ・ヤそれぞれは個別に見るべきであり、グループとしてまとめるのは妥当でないことが分かる。

表8-1

		ヨ	イ	エ	ヤ
叙述	行く	○			△
命令	行け	○			○
志向	行こう	○			○
助詞カ	行くか	×	○	○	
疑問詞＋ダ	何だ	×	○	○	
体言（女性語）	山	○			

　表8-1の分布から、これらはヨ・ヤとイ・エの2種に分かれる。このうちエはやや古風な表現に思われるので、対象から除く。ヤはほとんどヨと同じと考えられるが、筆者の内省では不明なところが多いので保留にしておく。残るヨとイは、表では相補分布の関係にあるが、両者は環境によって姿を変えた結果と思えないので、同一形態素に該当する異形態とは解釈できない。鈴木説でこれらが異なるものとされているのは正しい。

　本章で主張しようとすることの一つは、ヨとイは文法的に異なる形式であり、意味も職能も異なっているということである。しかし表8-1の話しことばでの分布からそれを説明するのは容易でない。ヨとイの相違は終助詞を考えるのに大きな問題であるが、標準語だけの資料からその解答を得るのは難しい。

　格助詞や接続助詞の役割については地域差や位相は少ないであろう。しかし終助詞は、資料とする言語によって形も意味もかなり違ってくる。終助詞は話しことばに使われる形式であり、書きことばに出現するのは疑問のカだけである。従って終助詞を見るためには話しことばを観察する必要があるが、標準語の話しことばというのが問題である。資料としては文学作品の台詞などから例を集めることが多い。これは客観的のように見えるが、年齢も出身地も異なる作家達のことばを一つの言語として扱うことになる。こうして得られるものは、標準語ではなく、全国共通語としての平均的な話しことばということになる。

　現実の話しことばを資料とするならば、東京周辺の言語ということになる。私生活の具体的な場で使用された言語は地域の方言であり、東京方言

も原則では同様である。しかし現代の東京語は複雑な言語であり、単純に地域の方言と言ってしまうこともできない。明治時代以後だけを見ても、各地のことばが混じってピジンとなり、現在ではクレオールとして存在する。これに似た現象はどの方言にも起きたであろう。ただ他の方言は話しことばだけであり、位相も少ない地域内の均質的な言語であり得た。しかし東京語の方は、標準語の基盤という地位や書きことばと連動した動きの中で、地域性や伝統的特徴が乏しくなる一方で、男女・年齢・階層など混質的な様相を見せてきた。東京語は、一地域の均質的な言語とは言えないであろう。終助詞には特にそれが顕著である。

標準語や東京語の観察によってでは明快な解釈が得られないならば、先に小地域の均質的な方言資料によって、日本語の構造についての一つのモデルを得る方がよい。

2.4　尾鷲市方言の終助詞類

三重県尾鷲市方言の資料は、1977年の調査で、1898年生まれの男性話者から得たものである。30年近く前の調査であり、最近の尾鷲市方言を調査していないので、現在の高年層の言語については不明である。調査当時、話者の年齢層に使用されていた終助詞を含む文末の形式は以下のようである。これらの方言形の例によって、上で保留した終助詞及びそれに似た形式の分類のモデルを考える。

まずカの質問文では次のようになっている。

（あなたは一人で来たのか）
① オマイ　ヒトリデ　キタンカイ
② イノ　　ヒトリデ　キタンカレ
③ ワレ　　ヒトリデ　キタンカ

これらの①②③は丁寧さの段階であり、①が最も丁寧で、②③の順に程度が下がる。この丁寧さの表現については第10章で詳述するので、ここでは一時棚上げにしておく。

次は主張の文である。

（私も一緒に行くよ）
① ワシモ　イッショニ　イクワイ

ここに見られる文末の形式について2種類の分節法が考えられる。カイ・カレ・ワイなどを1個の形式とするか、カ＋イ・ワ＋イなどと2個に分割するかである。当方言のイ・レなどは、上のカやワの助詞の他に、下のように勧誘・命令・推量など、職能の異なる形式に接続するので、自由形式（付属語）である。従って分離するのがよい。また命令と勧誘の③で、優しい表現や子供などに対してはヨを接続させる。以下では、上のヨのない表現には、③にヨと相補分布のφを設定する。

　　（明日も一緒に行こうよ）
　　①　アシタモ　イッショニ　イコライ
　　②　アシタモ　イッショニ　イコラレ
　　③　アシタモ　イッショニ　イコラヨ
　　（もう少し寝ておれ）
　　①　モーチョット　ネトレイ
　　②　モーチョット　ネトレー
　　③　モーチョット　ネトレヨ
　　（この本も買うのだろ）
　　①　コノホンモ　カウンジャリ（カウンジャレ）
　　②　コノホンモ　カウンジャロレ
　　③　コノホンモ　カウンジャロφ

①のジャリやジャレは、ゆっくり発音するとジャルイとなる。従ってこれらはジャロ＋イの融合した形式と解釈できる。

　これらとは別に、標準語の「ね」に当たる形式も文の末尾に出現することがあり、丁寧さの異なる2個の異形態がある。

　　（いい天気だね）
　　①　エー　テンキジャ　ノー
　　②③エー　テンキジャ　ニャー

　以上の例と分節結果から、当方言の主な文末の形式として次のようなものを認めることができる。
　　カ、ワ、イ、レ、ヨ〜φ、ノー、ニャー
これらを分類するのに、個々の形式の意味ではなく、構文論的な役割を重視する。基準とするのは以下の3点である。

1　他の要素との接続関係
2　文構成に関する職能
3　他の形式との照応関係

本章ではこのうちの接続関係について考え、職能と照応関係は次章以下で考える。

2.5　接続関係による分類

他の要素との接続関係とは、それぞれの形式がどのような形式の前後に出現するかということである。各形式の接続する環境をまとめると表8-2のようになる。

表8-2

前接形式		カ	ワ	イ	レ	ヨ～φ	ノー	ニャー
文節	山モ・・	○					○	○
叙述	行ク	○	○				○	○
	白い	○	○				○	○
	山ジャ		○				○	○
	行クンジャ		○				○	○
体言	山	○						
	行クン	○						
推量	山ジャロ			○	○	○		
	行クンジャロ			○	○	○		
志向	行コラ			○	○	○		
命令	行ケ			○	○	○		
助詞	行クカ			○	○	○		
	行クワ			○	○	○		
	イ・レなど							
	ノー・ニャー							

表8-2からこれらの形式を分類すると、カとワ／イ・レ・ヨ～φ／ノーとニャーの3グループになる。

第一のグループのカは、資料が不足していて断定できないが、文脈によっ

てはジャロに接続する場合も考えられる。これらは叙述や断定・推量などの文成立形式、名詞述語や体言に接続するものであり、標準語や諸方言に広く見られる標準的な終助詞である。カとワでは接続に相違があるが、これは意味が関係している。判断を保留するカは判断される前の形式に接続するが、判断を確認するワは断定された形式に接続する。このグループの後には第二グループのイ・レ・ヨ〜φが接続する。

　第二のグループ、イ・レ・ヨ〜φは、推量、志向、命令の表現と第一グループのカ・ワに接続する。第二グループが接続する形式の共通点は、表現される内容が聞き手に向けられることである。このグループが接続するのは聞き手に向けた内容であって、話し手が事実や判断を叙述するだけの形式には接続しない。また第二グループの後には何も接続しないので、これらは文を終らせる形式である。

　第三のグループ、ノー・ニャーの出現する環境は第一グループとやや似ているが、第三グループは「山もノー、海もノー」のように文節の切れ目にも出現する。調査時の確認を得ていないが、推量の後にも出現すると思う。これらは、直前の形式に付属しているのではなく、独立の要素として出現していると考えられる。またこれらの後に他の形式が接続することはない。必ずポーズがあり、文を終らせたり中断したりする。その点では第二グループに似ている。

　尾鷲市方言の終助詞類を現れる環境によって分類すると、次の3グループになる。

　　　a　叙述や体言に接続し、後に第二グループが接続するもの
　　　　　カ　ワ
　　　b　聞き手に向けた表現に接続し、後に何も接続しないもの
　　　　　イ　レ　ヨ〜φ
　　　c　前の形式とは独立に出現し、後に何も接続しないもの
　　　　　ノー　ニャー

ここで新たに、aを終助詞、bを文末助詞、cを間投助詞と命名し、以下ではそう呼ぶことにする。終助詞は、その後に文末助詞という他の形式が接続するが、日本語文法ではカやワなどが最も一般的な終助詞とされてきたから、ここでも伝統的な名称を当てる。

なおよく問題とされる終助詞類の「承接」関係は、終助詞と文末助詞を別種のものと考えれば問題にしなくてもよい。助詞グループの中の問題とすれば、当方言では、終助詞＋文末助詞の順であって、1個の述語の中ではそれ以外の連続はない。

以上のように小規模で均質的な方言での接続関係を見ると、イなど文末の形式は、終助詞とは文法的に異なる種類の助詞であることが分かる。

2.6　標準語の分類

方言においては、終助詞とされている形式が3種のグループに分類できた。これは標準語にも適用できるのではないか。

カとかゾなどは終助詞として問題ないだろう。ネは間投助詞である。残りはヨやイである。表8-1の分布では、イは疑問に接続しているので、文末助詞と考えてよいと思う。ただしこの分布からヨの所属を決定することは難しいので保留し、ここでは仮にヨを終助詞としておく。

ここまでの段階で終助詞類（鈴木説の男性語）を仮に分類すると下のようになる。禁止のナは除くし、サは、調査したことのある方言であまり観察したことがないから、その視点で考えることができない。文節の切れ目に現れるから、間投助詞としておく。

　　　終助詞　　　カ・ゾ・ヨ
　　　文末助詞　　イ　　　　　その機能を持つもの　ゼ
　　　間投助詞　　ネ・サ

これらが連続してできる形式は、終助詞と文末助詞の場合だけである。その中で、ゾ＋イは、次章で述べるようにゼとなって出現するし、ヨは保留付であるし、ヨ＋イの連続はないので、実際に現れる形式はカ＋イだけである。ネは単独で出現できる間投助詞であるから、他の形式の後にネが現れても、同一の構造内で両者が共起しているのではない。

渡辺説や鈴木説などと比べて、上の仮分類の特徴は、イを文末助詞にして、終助詞や間投助詞とは異なるものとしたことである。接続関係を詳しく見れば、標準語や東京語（文法書で扱われる日本語）においても、イは一般の終助詞とは異なるということが分かる。

イが終助詞とは異なる助詞であることを認めると、次に問題となるのは

［態度］部分との関係である。文末助詞イは［態度］を構成する形式か、その外にあるのか。これは職能に関係していて、分布だけでは考えられない問題である。このイや、保留したヨの職能に関しては［働きかけ］に関係させて次章で詳しく考える。

3　態度部分の構造

　［［［命題］判断］態度］の［態度］部分を構成するのは、文成立形式と終助詞である。
　文成立形式は、文の終り方であり、いくつかの選択肢の中から1個が採用される。動詞の活用形とこの文成立形式で動詞述語が完成する。文成立形式が接続した形式は［態度］を表すので、独立の文として働き、連体修飾成分など、文の一部にはなれない。文の終り方について「陳述」という用語を使うとすれば、この文成立形式の職能がそれに当たり、文成立形式の意味が陳述の種類となる。
　学校文法の「終助詞」は、終助詞、文末助詞、間投助詞の3種に分類される。［態度］を構成するのは、このうちの終助詞である。終助詞は分節的意味を表し、表現する話し手の心情を表すが、文法的な「陳述」に関ることはない。オプションの要素にそれほど重要な役割が与えられることはないからである。
　文成立形式によって動詞述語そのものである1個の単語が完成し、その後に続く付属語の終助詞との間には切れ目がある。このように異質の形式を同じ［態度］の構成要素としてまとめたのは、次章で述べる［働きかけ］に関係する文の意味のためである。［働きかけ］が接続するのは、文成立形式による「命令」「勧誘」、終助詞による「主張」「疑問」など、聞き手に投げかけられる意味の文である。投げかける意味を表すという点が共通であるので、ともに［態度］ということにした。

第9章　働きかけという職能

　[態度]までで動詞述語の意味は完成している。その内容を聞き手に投げかけて反応を求める職能が[働きかけ]である。[働きかけ]は、対話の場面での話し手と聞き手の人間関係を表すものであるから、「陳述」のように文構成に関する職能であるとともに、社会言語学的な面を合わせ持つ。しかもこれは形式の意味ではなく、文法的職能である。

　本章で主張したいのは、標準語文法で取り上げられない[働きかけ]を日本語の文法概念として認定すべきだということである。

1　働きかけ

　[働きかけ]とは、質問・主張・命令・勧誘などの表現で、話し手が聞き手に[[[命題]判断]態度]の内容を投げかけ、回答や同意あるいは行為の実行などの反応を求めることである。[働きかけ]は、意味ではなく、対話場面で形式が果す文法的な役割である。この職能は専用の形式によって表され、そのための形式は2種類ある。第一は、呼びかけなど、述語の外の形式であり、本書では扱わない。第二は、前章で区別した文末助詞であり、間投助詞もそれに準ずる。

　[働きかけ]という職能は、芳賀(1954)や林(1960)の「伝達」、南(1964)のDの段階と重なるところがある。ただしこれらは意味重視で、その概念や範囲が明瞭でないところもある。本書のように専用の形式による職能として限定的に捉えるべきである。

　芳賀(1954)によると、疑問と質問とは異なるものである。助詞カの表

すのは「疑い」であって、「問い」ではない。
　「疑い」+「反応を求める」=「問い」
となる。この「反応を求める」、芳賀の用語で言えば、第二種の陳述「伝達」が本書で述べようとする［働きかけ］という職能に近い。しかし動詞述語についての芳賀の「伝達」は、間投助詞ネを例にしたり、個々の終助詞の例による意味的な説明であり、一定範囲の形式が持つ文法的職能として一般化されていない。

　南（1964）では、終助詞などとの意味用法とこのＤの段階とが厳密に区別されていないように見える。しかしその後の南（1993）になると、ＡＢＣに対比されるＤなどではなく、人間関係と文のあり方という文法を越えた大規模なものになっている。しかも仮説ということであるから、筆者の力では論評できない。

　また意味として見れば、［働きかけ］は仁田（1991）の「発話・伝達のモダリティ」のうち、聞き手存在としている「働きかけ」「問いかけ」に近いように見える。しかし本書では、仁田の例示している多くを［態度］の文成立形式や終助詞の中に入れている。仁田の述べているのは、これらの形式の意味であり、職能ではないからである。意味で表される［働きかけ］に似たものは、その形式の辞書的意味の問題であり、文法ではない。芳賀（1954）のように、カが接続しただけでは疑いの意味であり、聞き手に向けた質問文ではない。この疑いの文を聞き手に向けた質問文にするための、職能としての表現方法を規則化するのが文法である。

　そこで本章では再び尾鷲市方言に戻って、均質な小方言を資料として［働きかけ］という職能とそれを表す専用の形式について考える。前章で尾鷲市方言の終助詞類を接続関係によって終助詞と文末助詞・間投助詞とに区別した。分類結果を再録すると以下のようである。

　　a　文成立形式や体言に接続し、後に文末助詞が接続するもの
　　　　カ　ワ
　　b　聞き手に向けた表現に接続し、後に何も接続しないもの
　　　　イ　レ　ヨ〜φ
　　c　前の形式とは独立に出現し、後に何も接続しないもの
　　　　ノー　ニャー

この分類を踏まえて、［働きかけ］という職能とそれを表す形式について検討する。

2　職能による分類

尾鷲市方言の終助詞類を分類する第二の基準は、形式が文構成で果たす職能の相違である。職能で分類しても上の3グループと同じ結果になるので、グループごとに見ていくことにする

2.1　終助詞

カやワの職能は、話し手の［態度］の一部として、話し手の文への関り方を表現することである。これらの形式によって疑いや主張などの意図が表されるのであって、これらが接続しなければ、特に叙述の文では、話し手の［態度］の全部が表されたことにはならない。終助詞は、そういう意味を表したいときだけに使用されるオプション要素であるから、文法的には分節的要素であり、意味的にはこの終助詞までを述語構造の中に含めることができる。

2.2　文末助詞

文末助詞は伝達される意味に新しいものを付け加えない。文成立形式と終助詞による［態度］までの情報の中身を聞き手に投げかけ、反応を求める［働きかけ］の役割があるだけである。

当方言の終助詞カも標準語と同様であり、カが接続しただけでは聞き手への質問にはならない。例えば

　　　トッサン＋オル＋カ

は、「お父さんが＋居る＋判断保留」という意味の合計であって、質問文ではない。「本当に居るだろうか」という話し手の疑いや、外の判断を受け入れて「そうか、居るのか」のように納得する文ということにもなる。これが質問文となるためには、この疑いを文法的な手段によって聞き手に投げかける必要がある。当方言ではカの後に文末助詞イ・レ・ヨ〜φのどれかが接続すると、特定の聞き手に向けた質問文になる。芳賀（1954）の

「反応を求める」と本書の「働きかけ」とが同じものとすれば、質問に関しては、ここで述べようとする文末助詞の職能と芳賀の意味の上からの主張は同じということになる。しかし［働きかけ］は、質問の場合だけに意味として関るものではなく、主張や命令その他にも広く関係する文法的職能なのである。

　［働きかけ］について少し追加する。前に述べたように、働きかける文の構造は次のようになっている。

　　　［［［命題］判断］態度］［働きかけ］
尾鷲市方言での具体的な例では次のような構造である。
　　　トッサン　オルカイ　　［［［toqsaN 'or-　]]u-ka-]['i]
　　　イッショニ　イコラレ　［［['iqsjoni 'iko-]]ra-　][re]
［態度］までの内容は、聞き手に投げかけられることによって質問や勧誘の文となる。文末助詞は、そのための形式であるから、質問や勧誘などとなり得る［［［命題］判断］態度］だけに接続するのであって、表8-2で見たように、「行く」「山ジャ」など、単なる叙述で、聞き手に向けられていない形式には接続しない。文末助詞は、限られた意味の形式だけに接続し、それに［働きかけ］を付加する役割を持っている。これは述語の意味に関係する終助詞とは異なるレベルの職能である。

2.3　間投助詞

　間投助詞も［働きかけ］の職能を持つ。ただし上の接続関係で述べたように、間投助詞は、形式的には断定の後や文節の切れ目にも現れるが、意味的には前接の形式とは独立している。従って文成分の一部分として他の構造に接続して出現するのではない。

　　　エー　テンキジャ　ノー／ニャー
という形式は全体で1単位の文ではない。前半で「いい天気だ」と断定しておいて、後半の間投助詞で聞き手に前文を投げかけるという2単位の構造の文である。間投助詞は、このように聞き手に向けられていない情報を聞き手に投げかけるために、単独で出現する形式である。これらは希薄ではあっても情報の中身となる意味を持ち、それに［働きかけ］が加わったものである。この場合の中身は、聞き手も同じように「いい天気だ」と思っ

ているという話し手の判断である。

3　諸方言の文末助詞

　尾鷲市方言の形式を構文論的職能で分類すると、次のように異なる。
　　　終助詞　　［態度］を構成する分節的意味を表す。
　　　文末助詞　特定の［態度］に接続し、［働きかけ］を表す。
　　　間投助詞　他の構造と関係なく、単独で［働きかけ］を表す。
　職能によるこのような分類結果が尾鷲市方言にだけ見られる事象であれば、単なる方言の特徴であり、他地域との地域差に過ぎない。しかし広く諸方言や標準語に見られることであれば、日本語に一般的な文法的事象ということになる。そこで他の方言を見ることにする。

3.1　稲沢市方言の文末助詞

　まず愛知県稲沢市方言を取り上げる。以下は、1980年当時、市内の農業地域で中高年男性に使用されていた伝統的な形式である。稲沢市は愛知県西部に位置し、高年層や一部の中年層では母音連続アイ・ウイ・オイの融合が激しい。ここでは他地域との対比のために音韻的に解釈してアイ、ウイ、オイで表記する。

（a）　形式

　この方言で対象となる形式は次のようである。
　　　ワ、ゾ、カ、ガ、イモ、イ、ヤ、ナモ、ナー

　これらを分類すると、尾鷲市方言と同じ基準によって、終助詞・文末助詞・間投助詞と分類することができる。以下では分類結果と説明に必要な例を列挙するに止める。

　上のうち、ワ、ゾ、カ、（ガ）は終助詞である。これらは他地域や標準語の終助詞と同様の職能で、疑問や強調など［態度］の分節的意味を表すオプション要素である。

（b）　文末助詞

　イモ、イ、ヤは文末助詞である。これらは［働きかけ］の職能を持ち、文の最後尾に現れる。この方言でも、［働きかけ］は主張や質問などの中身を

特定の聞き手に投げかけることである。命令表現には接続しない。

　まず終助詞に接続する場合から見る。この方言でも働きかける場合、終助詞に文末助詞の1個が接続する。志向には終助詞カが接続して、その後に接続する。イクカは聞き手に向けた単なる質問文であるのに対し、志向＋カ＋文末助詞の場合の意味は、同意を予定した勧誘である。

　　　イクワ{イモ／イ／φ／ヤ}　　（行くよ）
　　　イクゾ{イモ／＃／φ／　}　　（行くぞ）
　　　イクカ{イモ／イ／φ／ヤ}　　（行くか）
　　　イクガ{イモ／イ／　／ヤ}　　（行くよ）
　　　イコカ{イモ／イ／φ／ヤ}　　（行こうか）

上の＃の部分には、イだけではなく、前接のゾとイが融合してゼ・ゼーとなった後部分の形式もある。この位置から分かるように、当方言のゼ・ゼーは1単位の終助詞ではない。ゾ＋イであって、ゾという強調の意味を持つ［態度］の終助詞とイという［働きかけ］の文末助詞の特徴を併せ持った形式である。このことは標準語の形式と職能を考える際にも重要である。なお空白の部分は注釈の必要な形式である。論旨に関係がないし、煩雑になるので詳細は省略する。

　この方言の文末助詞は、「疑問詞」の文で、いろいろな形式に接続し、特定の聞き手に向けた質問文にする。ただし形容詞にはカを経て接続する。この用法はやや敬意の含まれるイの場合が多いようである。イを例にすると以下のようなる。

　　　イツ　ハナン　サクイ　（何時花が咲きますか）　　［咲く＋イ］
　　　ダレン　ナイトルイ　　（誰が泣いていますか）　　［トル＋イ］
　　　イツ　イリャースイ　　（何時いらっしゃいますか）［敬語ヤース＋イ］
　　　ドコン　シズカダイ　　（どこが静かですか）　　　［静かだ＋イ］
　　　アレワ　ダレダッタイ　（あれは誰でしたか）　　　［確認タ＋イ］
　　　ナンダイ　　　　　　　（何ですか）　　　　　　　［断定ダ＋イ］

　南（1964）では、D段階の要素として、疑問関係のことば「なに」「だれ」「いつ」「どこ」「なぜ」その他が入っている。この点でも南説は一般的であるが、その後Dに関する考えが発展したのか、南（1974）以後ではこの疑問関係の部分が除かれている。

（c） 間投助詞

　ナモ・ナーは間投助詞である。ナモは調査当時でも高年層の形式であった。これらは単独に出現し、具体的な命題を示さずに特定の聞き手に投げかける［働きかけ］であり、意味、役割とも、ほぼ尾鷲市方言のノー・ニャーに当たる。ただしナーは男性だけが使う形式であるし、ナモは文末助詞のように終助詞に接続して、特別に丁寧な働きかけの表現として用いられることもある。

3.2　他の方言の文末助詞

　尾鷲市方言と稲沢市方言では、用法にいくらかの相違はあるが、文末助詞という、終助詞とは異なる職能のグループの存在が確認できた。そこで他のいくつかの方言を概観する。

（a）　三重県・愛知県

　文末助詞による［働きかけ］は、尾鷲市など三重県南部の熊野灘沿岸部に広く見られるものである。もう1地点見ると、志摩半島志摩町の大正末世代のことばでは次のようである。この世代の丁寧度の高い文末助詞イでは次のようである。

　　　カイタテワイ　　　　書いたそうだよ＋イ
　　　イテクレイ　　　　　行ってくれ　　＋イ
　　　カサ　サイテケイ　　傘をさしていけ＋イ
　　　ハイッテコンカイ　　入ってこないか＋イ

丁寧度の低い表現では次のようである。当方言でも寧度の低い表現はレになっている。

　　　カイタテワレ
　　　ハイッテ　コンカレ（コンキャ）

　江端（1978）によれば、愛知県知多市方言では、主張のガン・ガイ・ガ、ワン・ワイ・ワ、疑問のカン・カイ・カなどによって、丁寧態（敬意あり）・常態（敬意あり）・卑態（敬意なし）を表現し分けているとのことである。これらのンやイによる表現は、情報の中身を変えることがないので、終助詞ガ、ワ、カに文末助詞ンやイが接続した形式であると解釈できる。これらも今まで述べてきたように、［働きかけ］を表していると判断してよいの

第9章　働きかけという職能　　151

ではないか。ただし江端はこれを敬語法として論じている。

　文末助詞はイなどだけではなく、上の知多市のンと同様に、豊橋市など愛知県東部地方にンという形式が広く分布している。

（b）　東北地方

　このような文末助詞を持つのは、三重県や愛知県のような限られた地方の方言だけではない。簡単に［働きかけ］を表し、加えて親しみや丁寧さを表現できるので、全国各地で用いられるようである。

　福島県出身の学生のレポートによれば、福島県郡山市では、イが不変化助動詞のベー、終助詞カ・ゾ・ワなどに接続する。また「山だ」「立派だ」などには接続しないが、疑問の「誰だ」「何だ」などには接続する。なお当方言のベーは、現れる環境によってペーとなるし、イが接続するとバイやパイとなる。

　　車で送ってヤッパイ／ヤッペー　　（送ってやろう）

　　今日雨フッカイ／フッカー　　　　（降るか）

　　あれ誰ダイ／ダー

接続から考えると、このイは文末助詞と考えてよい。イで丁寧さを加えるだけでなく、イとーによって［働きかけ］をも表していると思われる。

　また飯豊（1962）では、福島県岩瀬郡天栄村方言のベーに接続するイについて、「バイ、パイは相手尊敬を示すから、すべて、相手へのもちかけがある」と述べている。この「相手へのもちかけ」とは、本書の［働きかけ］と同じ概念かと思われる。

　さらにまた飯豊（1974）によれば、同じ福島県の伊達郡保原町方言では次のようである。

　　文末助詞「ナエ・カエ・ゾエ・ワエ」（中略）がついて対者尊敬表現の形式を示す

　　ソーワ　オモワンニェ　ナエ　（そうは思われませんね）

　　コレワ　ゴジッキロ　ガエ　　（これは50kgですか）

　　マエワ　イガッタンダ　ゾイ　（前はよかったんですよ）

例文によれば、文末助詞エ・イは間投助詞的なヤや終助詞のガやゾに接続している。これも丁寧さだけではなく、［働きかけ］を表す文末助詞と解釈できそうである。

（c） 関東地方

楳垣（1974）によれば、関東地方はそれほど多くないようである。しかし伝統的な東京方言の話しことばにも見られる。永田（1935）によれば、次のように質問文に接続するイやエがある。

　　ナンデスイ
　　何をクダズッタイ
　　今あの人どこにイルイ
　　なぜでゴザイマスエ
　　時にどうしたとユーンデスエ
　　あの時おまえさん何とイッタエ

これらは全て疑問詞による質問文であり、文末助詞は動詞その他各種の形式に直接接続している。形式面でこのように接続するのは稲沢市と同じであり、文末助詞によって疑問を聞き手に投げかけるという役割も同じである。この方言では丁寧語デスやマスの後にイやエが接続している例がある。丁寧語というオプション要素によって分節的な意味の丁寧さが、イやエによって聞き手に対する丁寧さや働きかけというように、役割の分担があったと思われる。

こういう表現は、『坊っちゃん』（『夏目漱石全集』1927 改造社による）の主人公の台詞部分に

　　夫ぢゃ何を氣を附けるんですい
　　一體どう云ふ譯ですい

などが散見されることから、当時の江戸っ子では普通の言い方であったのだろう。現代語でも「何だい」「どこだい」「そうかい」など、中高年男性の話しことばで疑問詞や終助詞カと文末助詞イとの共起が観察される場合もある。こういう疑問表現は明治・大正の東京方言を継承した形であると思われる。

（d） 九州

西の方では九州にも見られる。野林（1969）によれば、熊本県牛深市方言では聞き手への待遇を考えて、助詞イ・エが聞き手の同意を求める間投的なナー・ノー・ネーとともに用いられるとし、例としてカノー・カナー・カネー、カイ・カエ、カノイ・カナイが挙げられている。また

イ・エが動詞に添えられて、聞き手に対する開発と心理的な接近の効果を高める表現が作られる。

と述べ、次のような例について解説している。

  シゴッ　シューイ　　（仕事しようや）

  モー　オキューエ　　（もう起きようや）

  オリャー　イカンデカ　アンタバッカリ　イケイ

     （俺は行かないから、あんただけ行けよ）

　野林の説明は難しいが、「相手の反応を強いるだけの効果」とか「聞き手に対する開発と心理的な接近の効果」などというのは、本書の[働きかけ]に相当するものと考えられる。従って終助詞や勧誘・命令の表現に直接接続しているイ・エは[働きかけ]を表す文末助詞と考えてよい。この方言でも、ナー・ノー・ネーの間投助詞、イ・エの文末助詞という2グループが確認される。

3.3　文末助詞という「品詞」

　各地の例を見ると、文末助詞と間投助詞は、終助詞とは別の環境で広く使用されている。決して僻地の方言の特殊な現象ではない。ところが方言関係の分野では、これらの形式を丁寧表現として扱っている。情報の中身とは別次元の[働きかけ]という職能を指摘するものはない。飯豊（1962）のように、敬意と関係付けて「相手へのもちかけ」などと触れるだけでも貴重な例である。しかし本章で述べてきたように、文末助詞グループの職能は聞き手に反応を求めて情報を投げかける[働きかけ]であり、丁寧さやその段階は、話し手と聞き手との関係によって生ずる、働きかける場面での意味である。文法では、文構成という原点に戻り、職能の[働きかけ]を正面に掲げるべきである。

　文末助詞は文法的に終助詞とは別の種類の形式である。文末助詞というグループを設定すれば、終助詞とされているいくつかの形式の職能や助詞相互の承接関係を統一的に説明できるようになる。文末助詞の特徴は次のようである。

  形式　主にイやエなど。方言によってはンなど。

    複数の形式がグループをなす方言もある。

職能　伝える中身とは別次元の［働きかけ］を表す。
意味　丁寧さや親しみ。複数ある方言ではその段階を表す。

　文末助詞はいろいろな形式に接続するが、助詞と助詞とが連続する形式は、終助詞＋文末助詞、方言によっては、終助詞に近い用法の間投助詞＋文末助詞であって、これ以外の連続はない。

4　標準語の文末助詞

4.1　文末助詞に当たる形式

　標準語の「終助詞」について、前章で仮の分類として次のように分けた。

　　終助詞　　　カ・ゾ・ヨ
　　文末助詞　　イ　　　　　　その機能を持つもの　ゼ
　　間投助詞　　ネ・サ

この分類で文末助詞との関係で問題となるのはヨとイである。前章で述べたように、渡辺説ではヨとイを、佐治説ではヨ、イ、エ、ヤを同じものとしているが、鈴木説ではイを別のものとしている。筆者は、現代語ではエヤは日常的な形式ではないし、ヨとイは別の種類と考えている。以下ではヨとイの相違について考える。

　もう一度ヨとイの現れる環境を見ると、表9-1のようである。

表9-1

		ヨ	イ
叙述	行く	○	
命令	行け	○	
勧誘	行こう	○	
助詞カ	行くか	×	○
疑問詞＋ダ	何だ	×	○
体言（女性語）	山	○	

　ヨとイは、表では相補分布の関係に見えるが、前述のように、異形態とは解釈できないので、別の形式と認める。分布で見ると、イはカや疑問詞や質問の場合だけに使用される。質問は聞き手に働きかけているから、そ

の点では［働きかけ］の職能を持つと言える。しかし同じように聞き手に向けられる命令や勧誘に接続しないので、［働きかけ］といっても、その範囲は大きく異なる。

4.2　文末助詞のイ

イは、前述の明治・大正期の東京方言を受け継いだ形式であり、その職能は、終助詞カや疑問詞＋ダに接続して、親しみを込めて聞き手に問いかけることである。これは［働きかけ］の職能と解釈されるので、尾鷲市方言などの文末助詞と部分的に一致している。

鈴木（1988）では、イを意味によって説明しようとしているが、繰り返し述べているように、これは意味の問題ではない。職能を考えて、疑問詞や疑問カの文を聞き手に投げかける［働きかけ］の文末助詞とすれば、統一的に述べられる。またその前の鈴木（1976）では、聞き手中心のもちかけの形式として、イ・ナ・ネを同じグループに入れている。この「持ちかけ」は本書の［働きかけ］に近いと思われるが、イは質問の文末だけに出現する形式であり、ネとは現れる環境が異なる。両者は文末助詞と間投助詞という別の種類とすべきである。

このイについて細かいことを言えば、ゼについても文法的な解決を求めた方がよい。鈴木（1976）では、ゼの後に他の形式が接続しないことを重視し、そのことをゼの意味で説明しようとしている。筆者は、前述のように稲沢市方言のぜやぜーはゾ＋イであるから、標準語の場合も同様に解釈する。これは筆者だけの独断ではない。というのは『日本国語大辞典』その他二三の辞書でも、終助詞「ぜ」を「ぞえ」のつづまった形だとしているからである。ゼをゾ＋イの融合した形と考えれば、これには既に文末助詞イの職能が加わっているので、その後に他の形式の接続がないのは当然である。

ゾの意味は強く言い切ることである。強調は、「頑張るゾ」のように話し手自身に向ける場合も、「殴るゾ」のように聞き手に向ける場合もある。しかし後者は、［働きかけ］という文法的な職能によって聞き手を脅すのではなく、動詞の意味によって向けているのである。動詞「殴る」が人を行為の対象とした他動詞であるために、聞き手に向けられたように見えるだ

けである。ゾの意味は強調であるが、動詞の意味がそれぞれの場面で強調された結果、聞き手に向けられたようにも、話し手自身に向けられたようにもなるのである。

しかしゼという形式は、この強調の終助詞ゾに文末助詞イの職能を加えたものである。ゼは文法的な[働きかけ]という職能によって聞き手に向けているので、「頑張るゼ」と言えば、話し手自身が頑張るという決意を強調して聞き手に投げかけているし、「殴るゼ」も、動詞の意味とは関係なく、文末助詞ゼの職能によって聞き手に向けられているのである。ゾは単独の終助詞、ゼは終助詞＋文末助詞であり、職能の異なった形式である。各形式の意味の吟味や話し手の意図なども重要ではあるが、文法的な職能はさらに重要である。

形の融合のついでにもう一つ触れると、ネ＝ナ＋イと解釈すれば、ネが聞き手に働きかけるだけであるのに対し、ナが「雨かナ」という独り言に使用できる理由も説明できる。ネは、終助詞＋文末助詞の職能を合わせ持つ形式と説明できる。ただし今回は、共時的な記述を目的とするので、そこまでは踏みこまない。

イは、現代の標準語ではあまり使われない形式である。しかしその基礎となった東京方言や現代の話しことばでの例や、ゼのような融合した形式の存在を見ると、イという伝統的な文末助詞とその[働きかけ]という職能が確認できる。

4.3　ヨの職能

ヨの職能は単純ではない。表9-1でヨは叙述・命令・勧誘および体言に接続している。表には出さなかったが、名詞＋ダなどにも接続する。これらをまとめて扱うのは難しいので、分けて考える。

（a）　終助詞と思われるヨ

叙述に接続したヨは、ゾのような単なる強調ではない。「頑張るヨ」という独り言はないので、判断が確定・終了している内容を聞き手に向けているように見える。これは「寒いヨ」「静かだヨ」「海だったヨ」など、動詞以外の場合も同様である。しかし聞き手に「行くヨ」「寒いヨ」などと言うのは、「行くネ」「寒いネ」のように返事や反応を要求する[働きかけ]

とは異なる向け方であり、反応を求めない一方的な通告である。ヨは、文法的に働きかけるのではなく、ゾの強調のように、通告という意味で聞き手に向けるのである。従ってこの場合のヨは終助詞ということになる。叙述表現の「行く」「寒い」「行った」などに接続したヨは終助詞である。構造の枠組みに位置付けると

　　　　［［［行っ］た］ヨ］

のように［態度］を構成する形式であり、［働きかけ］ではない。

　次に順序を変えて体言の場合を考える。体言に接続したヨは女性語である。「雨ヨ」「富士山ヨ」などは、男性ならば「だ」をつけて「雨だよ」の形で発話する。渡辺説によればこのような女性語は無統叙ということになるが、鈴木説のように現代の女性語では統叙されたものとした方がよい。女性語のヨは、さらに

　　　そうヨ

　　　私だけヨ

　　　お茶を飲みながらヨ

など、いろいろな形式に接続して使われる。これらも統叙されていると考えられるので、ヨは、男性語のダ＋ヨに相当する職能を持つ。述語の構造としては、男性語の

　　　［［［ソー＋ダ＋］］φ＋ヨ］

と同じことである。この場合の文成立形式はφである。

　ヨは、強調しながら、それを聞き手に通告しているのである。形式面を見れば、カが接続した

　　　そうカ

　　　私だけカ

　　　お茶を飲みながらカ

などと同じである。女性語のヨは、疑問のカと同じ役割を果たしているので、終助詞である。ヨが前接の意味を聞き手に向けるのは、ヨの辞書的意味「通告」によるのである。

　女性語のヨは疑問のカと同じ種類の終助詞である。男性語のヨは、ゾなどと同様であるが、やや性質が異なる。女性語のヨや疑問のカがいろいろな形式に接続するのに対し、男性語のヨやゾは上のような文として叙述が

確定した形式だけに接続するからである。終助詞にも疑問のカや女性語のヨと他の終助詞という下位分類が必要かもしれないが、それについては考えが十分まとまっていない。

（b） 文末助詞に似たヨ

命令や勧誘に接続したヨに強調という意味はない。このヨは、上に述べたヨとは異なり、［働きかけ］の職能を持っているように見える。

まず「行こう」だけでは意志か勧誘かが表現されていないが、ヨを接続させると勧誘表現になる。聞き手に向けられる内容の文が投げかけられたのである。これは文末助詞と同じような役割である。

次に命令の場合であるが、「雨、雨、降れ、降れ」や「明日天気になあれ」は話し手の希望や独り言の場合に使えるが、「降れ」「なれ」は個人に向けた命令ではないので、「降れヨ」「なれヨ」とは言えない。つまりヨは個人に向けない場合には使えないのである。また「止まれ」は多数の対象に対する号令であるが、「止まれヨ」のようにヨをつければ特定の個人に向けた命令表現になる。このようなヨは、特定の聞き手に働きかけているように見える。命令や勧誘のように外に向ける表現に接続したヨは、文末助詞に相当し、［働きかけ］の役割を果たしているようである。

しかしヨを諸方言の文末助詞と全く同じものと考えることは、次の２点で無理であろう。

 1 　質問文に接続しない。
 2 　聞き手に対する丁寧さや親しさが表されない。

文末助詞の職能は、終助詞カなどや疑問詞の構造に接続して、質問などを聞き手に投げかけることである。東京方言などでも、この役割は上のイが担当していて、ヨにはない。

次にヨには文末助詞が持つ丁寧さの表現との関連がない。諸方言のイなどは親しみや丁寧さと切り離せないし、東京方言でもイは、特定場面における人間関係の中での表現という感じがあり、使える相手も場面も限られている。ところがヨにはそういう制限がなく、丁寧さと無関係である。勧誘での丁寧さは、「行こうヨ」「行きましょうヨ」のようにマショーの存否で表される。命令・勧誘に接続したヨは、特定の人との待遇関係の中で話し手の意図を投げかけるのではなく、ただ聞き手に向けるという方向性を

表すだけである。このことは「行こうネ」「行きましょうネ」と比べると分かる。ネは丁寧さを加えないにしても、間投助詞という職能で反応を求めている。反応を求めない方向性は、［働きかけ］ではなく、通告というヨの意味である。

　命令などに接続したヨは、文末助詞に似ているが、やはり終助詞の範囲内であると考えられる。しかし強調の意味がないので、叙述に接続したヨとは性質が異なる。従って叙述などに接続するヨと命令や勧誘などに接続するヨの、異なる2種類のヨがあるとしなければならない。

4.4　標準語と文末助詞

　標準語というか、東京語を基盤とした話しことばでは、イは［働きかけ］の職能を持つ文末助詞であり、ヨは終助詞の方に入る。命令などに接続したヨは、文末助詞のように聞き手に向けることを表しているが、これを意味としての方向性と考え、終助詞とした。これは仮の結論ではあり、解決ではない。この問題を解決するためには、接続関係や職能だけではなく、ここで述べた以外のもっと強力な基準を考える必要があるが、今の段階では持ち合わせがない。

　聞き手に反応を求める文の最後尾には［働きかけ］の職能を持つ文末助詞が接続する。これは各地の方言に広く認められることであるから、日本語の文構造の特徴と考えてよい。そういう視点で標準語を見ると、あまり使われない男性語のイだけが文末助詞に該当し、よく使われるヨは、意味と職能の境界が不明で、どちらかというと終助詞の一種と解釈される。このような特殊な言語である標準語を資料としていては、［働きかけ］の職能や文末助詞に関して検討する機会は少ない。

　学校文法を含めて、従来は［働きかけ］という文法的職能も、文末助詞というグループも大きく扱われることがなかった。これは上述のようにこの方面に例の乏しい標準語や東京語を資料としているためである。日本語の文法を考える際には、標準語だけをその資料として考えるのではなく、日本各地の方言資料に共通に認められるものを、日本語という膠着語グループの仕組みそのものであると考えるべきである。標準語資料によって整理された文法では明解に説明できないことも多い。その場合は逆に方言で構

築された文法体系を標準語に当てはめて説明すればよい。このような柔軟な姿勢が日本語を統一的に説明する第一歩である。

　本章では触れなかったが、現代の全国共通語の話しことばで［働きかけ］の役割を果たしているのはイントネーションであろう。イントネーションも形式の一部であり、文法もそこから始めるべきかもしれないが、音韻論とその延長上に任せることにしたい。

第10章　丁寧表現と丁寧語

　丁寧さには聞き手に向けたものと内容に関するものとの2種類がある。尾鷲市方言では文末助詞によって聞き手に向けたコードとしての丁寧さだけを表現する。標準語のマスは2種類の丁寧さを区別せず表現する。マスは構文論の制約を受ける丁寧表現専用のオプション形式であり、文末助詞とは文法的性質も丁寧さの表現方法も全く異なるものである。
　本章で述べたいのは、日本語の一変種にすぎない標準語の敬語だけを資料としていては、日本語の構造についての十分な成果が得られないということである。

1　丁寧さとその表現

　話しことばで表現される「丁寧さ」には2種類ある。簡単に定義すれば下のようになる。
　第一は、人間関係の親疎や上下などを基準として、話し手から聞き手に向けられる配慮である。これを「聞き手に向けられた丁寧さ」とする。対話の場で聞き手に丁寧な表現方法を使用することは、伝達される情報の中身とは無関係であり、情報の伝え方に関することである。前章で少し触れた文末助詞が関係する丁寧表現は、この「聞き手に向けた丁寧さ」を表現したものである。
　第二は、丁寧で品位ある言語を使用しているという話し手自身の意識を表現したものである。これは、情報の中身を構成する要素としての丁寧さであり、聞き手に向けられると同時に話し手自身が自覚している美意識で

もある。これは内容として存在する丁寧さである。以下で述べるように、標準語のマスは、基本的にはこの「内容を構成している丁寧さ」を表現する形式である。

　これら2種類の丁寧さを一定の文法的または語彙的手段で表現したものを「丁寧表現」とする。ただしこれは「丁寧さを表現したもの」という一般的な意味でであって、一言語における丁寧さの表現方法として制度化された「敬語」や「丁寧語」などと同様の文法用語として使うのではない。またここでは確立した表現方法を扱うので、否定や疑問などによって代用する婉曲な丁寧表現は扱わない。

2　丁寧表現の照応

2.1　丁寧表現のための形式

　既に述べたように、尾鷲市方言の終助詞類は、終助詞、文末助詞、間投助詞の3種に分類される。このうち丁寧表現に関るのは［働きかけ］の職能を持つ文末助詞と間投助詞である。

　尾鷲市など三重県南部の熊野灘沿岸地方の生活語では、話題の動作主に対する敬意が語彙的または文法的に表現されることはない。市長でも野良犬でも「来る」はクルである。これは第三者の場合だけではなく、目前の目上の聞き手が動作主になった場合も同様である。ただし敬意が表現されないのは文中の動作主に対してであって、対話の場面での聞き手という立場にある相手に対しては、その相手にふさわしい「聞き手に向けた丁寧さ」が文末助詞によって表現される。

　第8章では丁寧さについて棚上げしておいたが、調査当時、話者の年齢層によって区別されていた丁寧さの段階は、下のように①②③の3段階である。①が最も丁寧であり、以下②③の順に程度が下がる。

　　①　オマイ　ヒトリデ　キタンカイ　（あなたは一人で来たのか）
　　②　イノ　　ヒトリデ　キタンカレ
　　③　ワレ　　ヒトリデ　キタンカ

①は、地域社会では一般の目上の人に対し、家庭内では子から親、妻から夫に対して使用される。②はその反対の立場で上から下に向かって使用

される。以上の①②が地域の日常生活で使われる表現である。これに対して③は、遠慮が全くない表現であり、妻や子供、あるいはそれに準ずる②の中でも特に親しい者だけに使用できる、いわば家の中での表現形式である。丁寧さの段階については以下も同様である。この地域の伝統的な丁寧さの段階は上の①②③が１組になっていて、話し手と聞き手との関係によって１個が選択される。

　実はこの方言で、質問する場合には、上の①よりも丁寧と思われる次のような表現もある。

　　　アンタ　ヒトリデ　キタンカナ
しかしこのナで終る表現は、初めて道で会った人に使用するような特別丁寧な、しかも質問文だけに使用される形である。これは新しく発生した共通語的役割を持つ形式であると考えられるので、除く。

　質問以外の表現は次のようである。命令表現で、①のネトレイのイは明瞭に発音され、②のネトレーの長音とは区別される。

　　　アシタモ　イッショニ　イコラ{イ・レ・ヨ}（明日も一緒に行こう）
　　　コノホンモ　カウンジャロ{イ・レ・φ}　　（この本も買うのだろ）
　　　モーチョット　ネトレ{イ・ー・ヨ}　　　（もう少し寝ておれ）

主張する表現の①はワ＋イであるが、②③はレとヨ～φではない。例外的にジョという形式であって、②③の段階が区別されない。熊野灘沿岸の尾鷲市付近ではワレとなっている地域もあるので、このジョは尾鷲市での独自変化の結果と思われる。

　　① 　ワシモ　イッショニ　イクワイ　（私も一緒に行くよ）
　　②③オレモ　イッショニ　イクジョ

　前章で見たように、文末助詞の職能は［働きかけ］である。対話の場面で働きかける聞き手が特定されれば、待遇という問題が発生し、その聞き手にふさわしい段階のことば遣いになる。そこで文末助詞によって聞き手に合った丁寧さやぞんざいさを表すのである。ただし文末助詞個々のイ・レ・ヨ～φは丁寧さの段階を相補的に分担しているのであるから、丁寧さの段階①②③は［働きかけ］に付随して現れる場面的変異に過ぎない。丁寧さは①②③をまとめて１個の単位であり、そのまとめられたものが文末助詞というグループの意味である。従って他のオプション要素に匹敵する文法的

単位は文末助詞というグループであり、その形式グループの職能が[働きかけ]、意味が「丁寧さ」なのである。

当方言の丁寧さの表現方法は文末助詞グループの中から適当な1個を選ぶのであるから、文末助詞は、印欧語的な文法範疇ではないが、聞き手に対する配慮の段階という社会言語学的な意味グループをなしている。尾鷲市方言の丁寧さの段階とそのための形式は表10-1のように整理できる。

表10-1

	質問	勧誘	確認	命令	主張
①	イ	イ	イ	イ	イ
②	レ	レ	レ	—	(ジョ)
③	φ	ヨ	φ	ヨ	(ジョ)

2.2　他の要素との照応

他の要素との照応というのは、ある要素での形式の選択が意味の面で他の要素と関係していることである。丁寧さで言えば、選択した段階に合わせて、文中の他の要素にも段階の一致が求められることである。

丁寧さの段階は、話し手と聞き手の関係によって決まるもので、その文を特定のスタイルにするものである。スタイルは文全体の表現を統一するので、文中のそれに関係する要素全てに影響する。上の「あなた一人で来たのか」の例には聞き手である相手を指す代名詞が用いられているが、それらは丁寧さの段階によってオマイ・イノ・ワレと形を変えて出現し、それらは文末助詞のイ・レ・ヨ～φの段階に対応している。段階の異なる形式、①オマイと②レ、③ワレと①イのような共起はない。

間投助詞も[働きかけ]と同時に丁寧さの段階を表現しているので、こちらも代名詞の各形式と対応した形となっている。

　　①　オマイトコノ　イヌジャ　ノー　　（あなたのところの犬だね）
　　②　イノトコノ　　イヌジャ　ニャー
　　③　ワレトコノ　　イヌジャ　ニャー

以上から、尾鷲市方言の丁寧さの段階、文末助詞と代名詞（対称・自称）と間投助詞の間の照応関係は表10-2のようである。

表10-2

	相手	自分	文末助詞	間投助詞
①	オマイ	ワシ	イ	ノー
②	イノ	オレ	レ	ニャー
③	ワレ	オレ	ヨ〜φ	ニャー

　オマイ・イノ・ワレ及びワシ・オレは、「相手」・「自分」と「丁寧さの段階」という2種の意味を表しているが、これは辞書的意味とその場面での丁寧さという次元の異なる意味である。分節的な意味は「相手」・「自分」である。同一の意味を表しながら場面によって形が異なる現象は、位相論でいう様式論の問題と考えてよい。同様に文末助詞や間投助詞グループは1個の文法的単位であるから、その中での個々の変種の選択は、文法の問題ではなく、社会言語学的なスタイルの問題である。

　終助詞と他の形式の間にはこのような関係はない。カと丁寧さを表す文末助詞との間には照応関係がないから、上の例のようにカイ・カレ・カφと全ての段階の文末助詞と共起している。このことからも終助詞と文末助詞とは異なる役割を持っていることが分かる。

2.3　諸方言での照応

　愛知県稲沢市の方言においても、照応という点では原則として同様である。文末助詞それぞれの形式は丁寧さの段階を表現しているので、文ではそのうちの1個を選択する。前章の例から主張の終助詞ワの例を繰り返すと下のようである。

　　　行くよ　　イクワ{イモ／イ／φ／ヤ}

丁寧さの段階は①特上・②上・③同・④下の4段階であり、③は対等、④は対等以下に使用される。

　この方言でも、文末助詞と代名詞、間投助詞と代名詞の間に丁寧さの照応がある。

　　　ワシモ　イクワ{イモ・イ}　（私も行きますよ）
　　　オレモ　イクワ{φ・ヤ}　　（おれも行くよ）
　　　オマイサントコデ　ナモ　　（あなたの家でね）

　　　　オマイントコデ　ナー　　　（お前の家でな）
この方言の例からも、文末助詞と間投助詞が丁寧さによって文体を統一する超分節的なものであることが確認できる。
　さらに、尾鷲市に比較的近い三重県北牟婁郡紀勢町方言では、照応による丁寧さの程度は次のように2段になっている。

	質問	伝聞	返事	間投助詞
目上	カイ	チュワイ	ナンド	ノー
同等以下	カレ	チュワレ	ナンドレ	ニャー

伝聞のチュは「という」の融合した形であり、全体としては、「という＋ワ＋（イ・レ）」である。返事は応答の「はい」に当たる形で、「何ぞ＋（φ・レ）」であろう。
　この方言でも、原則として文末助詞はイ・レ、間投助詞はノー・ニャーであり、形式は尾鷲市方言と極めて近い。この地点は1997年ころに中高年層数人を調査したものであるが、基本的なところはそれより約20年前の尾鷲市の高年層と近かった。
　文末助詞による丁寧表現は各地の方言に見られる。方言研究の分野ではこのような表現方法を「敬語」の一種とみなし、それ以上追究しないことが多い。筆者も30年近く前までそう考えていたので、表10-1や10-2のような枠組みを設定して終った（仲・丹羽1978）。しかしその後、この現象は標準語文法の「敬語」とは異なると考えるようになった。文末助詞や間投助詞について、文法の対象として扱うべき職能は［働きかけ］であり、丁寧さはその意味にすぎないからである。従って文末助詞個々の形式は、文中の他の形式と照応して文を一定の段階に保っているだけであって、それぞれの段階は［働きかけ］が機能する場面での変異にすぎない。このような段階による丁寧表現では、丁寧さに無関係という表現がない。これはオプションで丁寧さ専用のマスによる表現とは異なるものである。
　ただし方言によってはこのように単純に言えない場合もある。尾鷲市方言の文末助詞のように複数個の形式がグループになっていれば、丁寧さの段階を区別して表現できる。しかしイ・エあるいはンなど1種類だけの方言では、［働きかけ］にともなって一定の丁寧さを表すか否かである。この方言のイ・エなどは丁寧さのための形式に近い。このような方言で、丁寧

さの段階の低い[働きかけ]はどのようにして表されるのであろうか。[働きかけ]と「丁寧さ」とを関係付けた論がほとんどないので、各地方言の先行研究を見ても明らかではない。

3　文末助詞による丁寧表現の特徴

文末助詞による丁寧表現は、以下の点で日本語文法での「丁寧語」とは異なる現象である。例は尾鷲市方言の形式で代表させる。
1　働きかける内容の文の最後尾に義務的に出現する。
2　丁寧さの表現は[働きかけ]の具体的な現れである。
3　文末助詞個々の形式は文法的単位ではない。
4　文末助詞による丁寧さは聞き手に向けたものである。

3.1　現れる位置

まず、文末助詞の出現する文の種類と文中での位置が特徴的である。文末助詞の職能は特定の聞き手に投げかける[働きかけ]であるから、文末助詞は、終助詞カ・ワによる疑問・主張や文成立形式による命令・勧誘など、聞き手に反応を求める表現だけに接続する。[働きかけ]の文には義務的に出現するが、反応を求めない文には出現しない。

さらに文末助詞は常に文の最後尾に出現する。[働きかけ]が伝えられる情報とは別次元のものであるために、それを表す形式は、[[[命題]判断]態度]の構成を支配する構文論的な制約を受けない[命題]から一番遠い位置に出現するのである。文末助詞の位置は、その要素が持つ[働きかけ]という固有の職能によって決まるのであって、述語を構成する他の要素との文法的関係によって決められるのではない。

このように、限られた文の決まった位置だけに出現することは、標準語の丁寧語マスと比べると、重要な特徴である。

3.2　働きかけと丁寧さ

次に、丁寧さの段階の位置付けが問題となる。当方言の文末助詞の種類は①②③を表すイ・レ・ヨ〜φだけであって、丁寧さに無関係な[働きか

け]の形式は存在しない。従って文末助詞によって[働きかけ]を表現しようとすると、形式の選択によって同時に丁寧さの段階も表現される。というより、[働きかけ]は特定の聞き手に向けられるものであるから、先に聞き手に合った丁寧さの段階に照応した形式を選択しなければ、[働きかけ]を表現することができない。

聞き手に働きかけない文では、文全体を統一する丁寧さを必要としないし、文末助詞が接続しないので、それを表すこともできない。そういう文の内容を聞き手に投げかけたり、丁寧さを加えたりしようとすれば、文を一旦終って、間投助詞を使用することになる。

　　エー　テンキジャ　{ノー・ニャー・ニャー}　（いい天気だね）

文末助詞による丁寧表現は、丁寧さを表現するための専用の形式によってなされるものではなく、[働きかけ]の具体的な実現として現れる二次的な産物なのである。ただし働きかけない文でも自称の代名詞だけは段階をつけることができる。

3.3　文法的単位と各形式

第三の特徴は、イ・レ・ヨ～φ各形式の文法的な位置付けである。文末助詞グループの文法的職能は[働きかけ]であるが、特定の形式が接続することによって、別の言い方をすれば、イ・レ・ヨ～φが入れ替わることがあっても、伝達される情報の中身も量も変わらない。各形式によって表されるのは、情報の中身の品位や丁寧さとは別次元の、情報の伝え方における聞き手への丁寧さである。

当方言で[働きかけ]を表現するには、聞き手に合った1個の形式を選択するが、これは情報を構成する文の文法に関することではない。場面に合わせて表現方法を選択する談話の「スタイル」であり、社会言語学の視点で言えばコードの一種である。文末助詞は、文法的に[働きかけ]という役割を果しながら、超分節的な丁寧さの段階を表している。各形式はそれぞれの段階を相補的に分担しているのである。従ってグループとしての文末助詞は[働きかけ]のための1個の文法的単位であるが、各形式個々は文末助詞という単位の文体的下位要素にすぎない。

3.4 丁寧さの種類

　最後に、丁寧さの種類も単純である。文末助詞によって表される丁寧さは、本章の冒頭に述べた分類でいうと、「聞き手に向けられた丁寧さ」であり、情報内容そのものに関する「内容を構成している丁寧さ」は含まれていない。

　当方言の丁寧表現は［働きかけ］に付随した二次的な産物である。働きかけるための文末助詞の選択は、特定の聞き手にふさわしいコードの選択という社会言語学的な現象である。従ってそれによって表される丁寧さは対話の場面上のことであり、その段階は働きかける聞き手だけに向けられ、その聞き手にふさわしいものが選択されている。次に述べる標準語のマスが、丁寧表現専門のオプション要素として「内容を構成する丁寧さ」を文法的に表現するのとは異なる現象である。

　尾鷲市方言の丁寧表現は、聞き手に合わせて交替する文末助詞とそれに照応する代名詞などである。代名詞という点では、フランス語やドイツ語のようなヨーロッパ型の丁寧表現と似ている。しかし現代フランス語の tu と vous のように相互に同じ形式を使用するのではなく、目上が常にオマイと呼ばれ、目下はイノと呼ばれる。この相違から、この方言の丁寧表現の体系は、ヨーロッパ型のような親疎による親愛表現ではなく、上下を基準とした体系であることがわかる。

4　標準語の丁寧語

　ここでは上で述べた尾鷲市方言の文末助詞と比べながら、標準語の丁寧語マスの特徴を考える。標準語のマスには次のような特徴がある。
　1　構文論的制約によって位置や形が決まる。
　2　［働きかけ］とは無関係の独立した現象である。
　3　他の要素と同じオプション要素である。
　4　内容に関する丁寧さを超分節的に表現する。

4.1　構文的制約
　上の文末助詞が述語構造の外ともいうべき文の最後尾に接続するのに対

し、マスは構文的制約下にある。マスは、第7章で述べたように[判断]を構成する形式であるから、述語構造の内部に現れ、その位置や形は他の形式との関係によって決められる。

マスと他の要素との関係を見ると、動詞「書く」とマスとの間に他の接辞が現れるし、マスの後にも否定や確認を表す形式が接続している。マスが文末に位置するのは、マスで言い切る場合だけである。ここでは文成立形式を省略する。

  カキマス [[書く＋]丁寧]
  カカセマス [[書く＋使役＋]丁寧]
  カキマセン [[書く＋]丁寧＋否定]
  カカセマシタ [[書く＋使役＋]丁寧＋確認]

上のようにマスは、現れる位置が他の要素との関係で決まるし、後続の形式に合わせて派生動詞として活用している。従ってマスは、他の分節的要素と同じレベルの構文論で扱われる文法的接辞であり、[判断]を構成する分節的要素の一つである。

次に質問や勧誘の構造を見ると、接続の順序だけで言えば、聞き手に向けた質問や主張をマスが丁寧にしているのではなく、マスで丁寧にされた内容が聞き手に向けられる構造になっている。形の上では、話し手はマスを含めて質問や勧誘をしているのである。尾鷲市方言では[働きかけ]による丁寧さが[[[命題]判断]態度]という構造の外に位置するのに対して、標準語では[判断]として質問されることの一部となっている。

  標準語 カキマスカ [[[書く＋]丁寧＋]疑問]
     カキマスヨ [[[書く＋]丁寧＋]主張]
     カキマショー [[[書く＋]丁寧＋]勧誘]
  尾鷲市方言 カクカイ [[[書く＋]]疑問＋][丁寧]
     カクワイ [[[書く＋]]主張＋][丁寧]
     カコライ [[[書く＋]]勧誘＋][丁寧]

4.2　丁寧専用の形式

マスの第二の特徴は、出現する文の種類である。文末助詞による丁寧表現は[働きかけ]の結果としての意味であるが、マスは、疑問など聞き手に

反応を求める文だけでなく、カキマスのような聞き手に向けない文にも出現する。マスが[働きかけ]と関係がないことは、後述の意味に大きく関ってくる。

このように[働きかけ]と無関係であるから、第三の特徴として、マスが丁寧さのための専用の形式であることが挙げられる。マスは、丁寧表現が必要な場合に、そのために付加されるオプション形式である。他の職能に関連して丁寧さを表すのではない。

標準語の動詞語幹形 kak- と文成立形式 -u からなるカクは、そのまま文成分となる完成した構造である。このカクは丁寧さとは無関係の表現であり、マスより下位の丁寧さを表現しているのではない。丁寧に表現する必要がある場合だけマスを使用する。文末助詞による働きかけの文では必ずいずれかの段階の丁寧さが表されるが、標準語のマスのない文は丁寧さに無関係である。マスは、独立のオプション要素であり、[判断]を構成する尊敬語などの他の形式と同等である。丁寧語マスは、学校文法でいうと普通の「助動詞」であり、その用法は述語内部の文法の問題である。述語の最後尾に位置する文末助詞と比べると、全く異なる性質の要素であることが分かる。

以上のように形式的に見ると、マスと尾鷲市方言の文末助詞とは文法的な性質も文中で果たす職能も異なっている。

4.3 マスの意味

そこで次に意味を見ると、上述の特徴の第四番目になる。これについて述べなければならないことは次の2点である。

　　a　内容を構成する丁寧さを表現する。
　　b　分節的要素が超分節的な意味を表現する。

マスの表す丁寧さは、情報の中身を構成していて、話し手が丁寧で上品な言語を使用するという意識を表現したものである。渡辺（1974）は、デスやマスの使用について、

　　聞手への敬意と言うよりは自分の品格を保つ為の「品格保持」の敬語、と言うべきであろう

とし、「お大根」「おビール」などの「お」も同じ種類の敬語としている。

本章でも「品格保持」（渡辺のもう一つの用語「嗜み」よりこちらの方が分かりやすい）という用語を借用し、マスは品格保持を表す「話手自身の為の敬語」であるとする。この点で対話の場面で特定の聞き手に向けられる文末助詞の丁寧さとは根本的に異なる。

　しかしながら、マスの意味が全て話し手自身のためのものと言えるだろうか。聞き手に向けた部分もあることは否定できない。マスは［働きかけ］とは関係がないのでその点が曖昧であるが、敢えて言えば、質問や勧誘などと共起するマスの意味は、「書くか＋丁寧」「書こう＋丁寧」という聞き手に向けた丁寧さ、しかし叙述の丁寧さは「書く＋丁寧」であり、品格保持の丁寧さではないか。しかしこれは、終助詞ヨの職能を考えたときと同様であり、標準語では意味と職能の区別に難しいところがある。

　マスの表す丁寧さは、内容に関するものと聞き手に向けたものにまたがっているが、超分節的な意味となって現れ、他の要素の分節的意味とは異なるレベルになっている。上で見た例では、マスは［態度］の終助詞などより前に位置する［判断］の要素ではあるが、カキマスカ、カキマスヨ、カキマショーの全体の意味は、それぞれ「書くか」「書くよ」「書こう」を丁寧にしたものである。またカキマセンでも、順序としては「丁寧＋否定」であるが、仁田（1991）の述べているように、マスの意味は否定されない。これも、意味としては「書く＋丁寧」を否定したのではなく、「書く＋否定」を丁寧にしたのであって、丁寧さが否定されて丁寧さのない段階になるのではない。カキマシタのタとの関係も同様である。このようにマスは、述語や文全体を丁寧にする超分節的な意味を表している。

　マスの表す丁寧さが超分節的であるということ自体は、既に述べられている。金田一（1953）によれば次のようである。

　　日本語の文体には、口語体と文語体とがあるが、口語体の中にまた文体が分れていて、その一つが「だ」体であり、もう一つが「です・ます体」だ、と解すべきだと思う。

また仁田（1991）は、

　　＜丁寧さ＞は、文のある部分に局在するといったものではなく、言表事態全体に対して、それに、ある丁寧度の述べ方の色合いを塗り付けるといったものである。

と述べ、分節的要素である丁寧語の意味が局在的でない（超分節的である）ことを指摘している。しかしこれらでも聞き手に向けた丁寧さと内容に関する丁寧さの区別が十分されているとは思えないし、分節的要素であるマスが超分節的な意味を表す矛盾についての言及はない。

　丁寧語マスは、文法的には他の分節的要素と同レベルのオプション要素であるが、文や談話全体を覆うスタイルとしての丁寧さを表している。マスには、形式的には分節的、意味的には超分節的という、形式面と意味面との間に矛盾が見られる。標準語文法ではこの文法と意味の食い違いを重要視すべきであると思う。

5　日本語の丁寧表現

　同じように丁寧表現といっても、尾鷲市方言と標準語では文末助詞と派生接辞という構造的に異なる表現方法によっている。一方では丁寧さの選択は構文論の外にあるが、他方は構文論的な制約下にある。意味的にも、文末助詞は聞き手に向けた丁寧さだけを表すが、丁寧語は内容に関する丁寧さをも表し、情報の中身の一部をなす。両者はコード式とオプション式という異なる表現方法であり、別々に発達してきた現象と思われる。文末助詞による［働きかけ］とそれに付随する丁寧表現は各地に見られる。また丁寧語による表現も各地で用いられているし、文末助詞と丁寧語の両方を用いる方言も多い。丁寧表現の地域差は、文末助詞と丁寧語それぞれの伝播の結果、各地の採用状況が異なり、各地での意味体系が確立した結果であろう。

　上の三重県尾鷲市や紀勢町、愛知県稲沢市方言などでは、［働きかけ］の文末助詞だけによって丁寧さの段階を表現している。方言によって段階の数も、文末助詞の接続する範囲も異なる。しかしこれらは地域差の問題としてよいであろう。これとは反対に、マスのような丁寧語だけで丁寧さを表す方言は、手元に資料が乏しいためか、確認することができなかった。後に述べるように、オプション要素による丁寧表現だけというのは、書きことばを含む標準語の特殊な体系ではないかと思われる。

　文末助詞と丁寧語の両方があるのは、前章で見た愛知県知多市方言や明

治・大正期の旧東京市方言などである。

　江端（1978）によれば、知多市方言の疑問はカン・カイ・カによって、丁寧態（敬意あり）・常態（敬意あり）・卑態（敬意なし）の3段階を表現し分けている。ところがこの方言の丁寧表現には分節的形式のデス・マスも使用されている。これが伝統的な形なのか共通語的に新しく使われるようになったのかは不明である。伝統的に併用されていたとすれば、文末助詞と丁寧語が並存することになるが、これらが単なる丁寧さの表現であれば、2種類あるのは余剰である。聞き手に向けた丁寧さと内容に関する丁寧さとを表現し分けているのか、あるいは他の役割分担があるのか、それについて言及されていない。

　また伝統的な東京市方言の話しことば（永田1935）では、

　　ナンデスイ

　　なぜでゴザイマスエ

のように丁寧語と文末助詞が共起する例があり、同じ構造が漱石の『坊っちゃん』にも見られる。これらはデス・マスで丁寧さを、イやエで［働きかけ］というように分担しているのであろう。このように文末助詞と丁寧語の両方がある方言では、何らかの役割分担があるはずである。しかしそれらについての考察は、残念ながら見当たらなかった。

　諸方言の記述などでは、文末助詞と丁寧語という2種の異なる表現方法が「敬語」という同一の文法概念の中で扱われている。楳垣（1962）は、尾鷲市など三重県熊野灘沿岸地方に見られる文末助詞による丁寧表現の例を列挙し、次のように述べている。

　　　この種の助詞敬語には土地の人達はかなり敏感だが、馴れない者には全然分からないため、いままであまり注意されなかったが、いわゆる「敬語のない土地」には広く見られる現象だ。だから、少なくとも近畿には敬語現象のない土地はない。

ここでは話し手と聞き手の関係についての表現と、伝える内容に含まれる文法的な表現を「敬語現象」という用語で一括している。これは当該方言の丁寧さの意味内容とそれを表す方法を十分に検討した結果ではなく、標準語文法での敬語や丁寧語という概念や用語を単純に方言に適用しただけである。記述文法に他の言語の基準をそのまま持ち込むべきではない。手

順としては、両方を持つ方言で両者の役割分担を明確にしてから、丁寧さという概念そのものや一方だけの方言での丁寧表現の実態について考えるべきであろう。

6　標準語の特殊性

　日本語の丁寧さの表現方法には文末助詞と丁寧語の2種類があり、各方言はその一方または両方を用いている。尾鷲市のような一方だけの方言は文末助詞だけであるし、両方を持つ方言には当然文末助詞もある。従って文末助詞による丁寧さの表現は多くの方言に共通している現象である。これは熊野灘沿岸地方のような僻遠の地だけの特殊な現象ではなく、日本語の話しことばでは普通の表現方法であると言っても過言ではない。現代標準語の形成に深く関わっている旧東京市の方言にさえ見られる現象である。ところが標準語ではこの文末助詞が目立たない。

　対話の場面で特定の聞き手に問いかけたりする場合に、表現に丁寧さの段階をつけることは、非言語的な活動をも含めて、ごく自然で人間的な営みである。これに比べれば話し手自身の品格保持の表現や尊敬・謙譲などという敬語表現は知的な行為であって、聞き手に向けたものと比べると人為的なものである。従って丁寧さの表現方法は、[働きかけ]の文末助詞による表現が基礎的なものであり、文法的な派生接辞で内容に関する丁寧さをも表現するのは、特定の社会で発達した方法ではないか。その結果、現代では2種類の丁寧さと2種類の表現方法が並存しているのであって、標準語は何らかの理由で文末助詞による[働きかけ]を失い、丁寧語だけの言語体系になったと考えられる。日本全体という地理的な広がりで見れば、文末助詞だけの尾鷲市方言などより、文末助詞のない標準語の方がよほど特殊な少数派的存在である。

　聞き手に向けた丁寧さは、対話の場面での人間関係の反映であり、情報の中身とは別次元のものである。従ってそれを表現する形式は、文法的にも意味的にも述語構造から独立している[働きかけ]の文末助詞の方が合理的であることは言うまでもない。しかし標準語には丁寧語だけしかない。丁寧語は、述語構造に組み込まれているので、情報と切り離した形になら

ないし、働きかけない文にも出現するので、聞き手に向けた丁寧さだけを表現することはできない。従ってオプション要素のマスだけで2種類の丁寧さを表すことになる。ことばの構造と丁寧表現という点から見ても、標準語は日本語の特殊な一変種である。

　標準語の丁寧表現が特殊であるのは、標準語という性質にある。方言は地域社会という私生活の場での話しことばである。私生活でことばを使うのは、相互に働きかけ合って自分達の生活を維持するためである。このような社会では、各個人は、社会内での地位や年齢などで自分と相手との関係を判断し、語形や丁寧さの段階など、適当なコードを自分の責任で選択して話さなければならない。ところが標準語は公式の場で没個性的に使われる「書きことば」に準ずる言語である。不特定多数に一方通行で述べることも多い。そのような言語でのコードは「公式」が主となり、聞き手に合わせて選択できる幅は狭い。標準語は、私生活を離れた規範的なことばという地位を得た段階で、個人の責任や裁量を排除した約束事、極端に言えば特定の書簡文のように定式化した表現方法になったのである。ただし単一コードと派生接辞による丁寧表現との間に必然的な関係があるかどうかは、別に考えなければならない問題である。

　以上のように標準語は特異な言語である。しかし従来はそういう標準語の枠組みで日本語の文法が組み立てられ、敬語も語られてきた。というより、現代日本語と標準語や東京語を区別せずに、非均質的な言語状態を日本語として扱ってきたということであろう。

　働きかける表現での丁寧さの段階は、日本語文法の敬語の要素と認められていない。該当する事象が標準語にないからである。しかし諸方言の文末助詞を視野に入れれば、日本語では聞き手に向けた丁寧さをコードとして表現する方法が広く用いられていること、標準語はそのような表現方法を持たず、分節的な丁寧語だけを用いていることなどが見えてくる。そうすれば、形式は分節的で意味は超分節的という標準語の丁寧語が特殊な事象であることが理解できるはずである。日本語文法は、標準語という特別な言語に見られる特徴を一般的とみなし、日本語という言語に広く見られる「普通の」特徴を見落としてきたのではないだろうか。

　日本語諸方言を見ると、標準語で区別できない意味や職能をトルとヨル

ヤンとセンで区別したりして、文法書にない事象や方言固有の文法的弁別基準が見られる。文末助詞による聞き手に向けた丁寧表現もその一つである。文末助詞の詳細は当該方言の記述文法の問題であるし、丁寧語については標準語の問題である。どちらも日本語の一部のことに過ぎないし、日本語資料としての上下はない。日本語という「膠着語」グループを言語学的に体系化するためには、方言だけが持つ文法概念や弁別基準も標準語だけにあるものも等しく日本語の事象として扱うべきである。日本語の一変種に過ぎない標準語には欠ける部分もあるという柔軟な姿勢が、日本語の言語学的研究には必要である。「日本語学」という分野は、日本列島語の言語学であるのが望ましい。

第11章　まとめと補足

　本書で新しく提案したい主な文法概念や用語などは下のようである。それらに言及しながら、動詞述語の構造と職能について、ここまで述べてきたことをまとめ、補足する。
　　必須要素
　　オプション要素
　　文成立形式と陳述
　　［命題］部分の名詞化
　　文末助詞
　　［働きかけ］

1　述語の構成要素

　日本語の動詞述語を構成する要素には、必須要素とオプション要素がある。必須要素は、動詞述語が成立するためには必ず現れる形式であり、動詞活用形と文成立形式がそれに当たる。残りの大部分はオプション要素であり、これらは文の意味に必要な場合だけに現れる。

1.1　必須要素
（a）　動詞の活用形
　必須要素には動詞の活用形と文成立形式がある。ここで活用形というのは述語の構成要素として述語の先頭に現れる動詞部分のことである。文成分となる終止形や命令形は除かれるので、標準語の活用形とその一覧表は

次のようである。動詞の例は五段型動詞の「書く」とする。

　　　　　　語幹形　未然形　連用形　連体形　音便形
　　書く　　kak　　kaka　　kaki　　kaku　　ka'i
　　見る　　mi　　 mi　　　mi　　　miru　　mi

動詞述語は動詞を中心とした述語であるから、これらが出現しなければ述語として成立しない。当然活用形は必須要素である。

（ｂ）　文成立形式

　上の活用形が主文の述語となるために、各活用形に以下のような形式が接続する。

　　語幹形　-u（叙述）、-e（命令）、-oo（意志）
　　　　kak-u　kak-e　kak-oo
　　未然形　-na'i（否定）
　　　　kaka-na'i
　　連用形　-masu（丁寧）、-ta'i（希望）など
　　　　kaki-masu　kaki-ta'i
　　連体形　-na（禁止）、-daroo（推量）、-ma'i（否定意志）など
　　　　kaku-na　kaku-daroo　kaku-ma'i
　　音便形　-ta～da（確認）など
　　　　ka'i-ta

このうち、カカナイとカキタイは形容詞型の活用をするので、動詞活用とは別の形式となる。またカキマスは kaki-mas-u という新しい派生動詞になるので、語幹形＋u（叙述）である。カイタで文を終止するためには、タの連体形を区別するために、ka'i-ta-φのようにφが必要であるので、これも語幹形＋φ（叙述）と同様である。

　これらを除くと、主文を終止するための形式は、語幹形と連体形に接続した６種類となる。この６種の形式は、動詞述語を構成するために不可欠の要素、文成立形式である。叙述のφは、タのように動詞とは異なる活用の形式に接続する。

　　叙述　　　-u～ru～φ
　　希求　　　-e～ro
　　禁止　　　-na

意志　　　-oo〜-'joo
否定意志　-ma'i
推量　　　-daroo

　動詞述語文は上の中から必ず1個を選択する。文成立形式は付属形式であり、動詞または動詞＋接辞などの語幹形と連体形に当たる形式と結合して述語を構成する。

叙述　　書く　kak-u　　　　　　見る　mi-ru
命令　　書け　kak-e　　　　　　見ろ　mi-ro
禁止　　書くな　kaku-na　　　　見るな　miru-na
意志　　書こう　kak-oo　　　　　見よう　mi-'joo
否定意志　書くまい　kaku-ma'i　　見まい　mi-ma'i
推量　　書くだろう　kaku-daroo　　見るだろう　miru-daroo

　動詞述語成立のための最低の条件は、上の2種の必須要素を備えることであり、最小の形式は次のようである。

　動詞活用形＋文成立形式

1.2　オプション要素

　動詞述語の構造は、「動詞活用形＋文成立形式」を核として、それに文の意味に必要なオプション要素が付加されたものである。

　標準語や方言の中の主なオプション要素を列挙すると、次のようなものがある。音素表記したものは、前章まででやや詳しく述べた派生接辞である。これらは動詞活用形に続いて、以下の順序で接続する。

使役　　　　-ase-〜-sase-　（セル〜サセル）
受動　　　　-are-〜-rare-　（レル〜ラレル）
授受　　　　テヤル　方言のタル
アスペクト　-tor-　（方言のトル・トクなど　標準語のテイル）
客観否定　　ズ　方言のン
目撃　　　　-jor〜-'jor-　（方言のヨル）
尊敬　　　　-are-〜-rare-　（レル〜ラレル）
丁寧　　　　マス
主観否定　　方言のセン〜ヘン

確認　　　　タ～ダ

標準語の否定はナイだけであるが、そのナイは、位置としては主観否定のところに入るかもしれない。
　動詞活用形が述語の先頭に現れるので、オプション要素は動詞活用形と文成立形式の間に現れる。オプション要素は複数現れることもある。これらを含めた述語の構造は下のようになる。
　　動詞活用形＋オプション要素＋文成立形式
　　　書かせる　　　kak-ase-ru
　　　書きます　　　kaki-mas-u
　　　書かせます　　kak-ase-mas-u
オプション要素は必要なものだけが接続するので、何も現れなければ、「書く」のような、必須要素だけの最小の形式である。
　必須要素（動詞活用形と文成立形式）もオプション要素も付属形式であるから、これらの連続体全体は1個の単語となっている。従って動詞述語の特徴は下のようになる。
　　①　文成立の職能を持つ
　　②　1個の単語となっている
　こうして出来上がった動詞述語に、終助詞や文末助詞が接続する。これらは付属語であり、前接の形式と一体化しているわけでないが、これらを含めて動詞述語とする。接続の順序は次のようである。
　　　終助詞　　　カ・ゾなど
　　　文末助詞　　イなど

2　動詞述語の構造

2.1　命題とその名詞化

　動詞述語の構造を構文論的職能によって整理すると、下のようになる。
　　[[[命題]判断]態度][働きかけ]
　[命題]は、話し手が伝えようとする情報の客観的内容であり、肯定または否定の事柄として表現される。この部分を構成する要素には次のようなものがある。これらが[命題]の範囲であることは、下の名詞化という基準

で決定される。

  使役   セル～サセル
  受動   レル～ラレル
  授受   テヤル・テモラウ
  アスペクト 方言のトル・トクなど　標準語のテイル
  客観否定 ズ　方言のン

　名詞化は[命題]の範囲を決定する基準である。動詞活用形と上のオプション要素で構成された[命題]は客観的な事柄を表すので、客観的に事物を表す名詞または名詞の一部として、言い換えた表現ができる。

  助ける→助け
  助ける＋船→助け船
  助けられる＋方法→助けられ方

　動詞活用形にそれぞれの形式が接続した[命題]は、名詞化できる程度によって、次の4段階に分類できる。Ⅰの段階が最も名詞化しやすく、Ⅳが最もしにくい。

 Ⅰの段階　ことの段階（単純な動詞）
  休む→休み
  行く＋方法→行き方
 Ⅱの段階　あり方の段階（使役や受身の接続した動詞）
  嫌がらせる→嫌がらせ
  斬られる＋役→斬られ役
 Ⅲの段階　とらえ方の段階（方言アスペクトの接続した動詞）
  見トル＋方法→見トリ方（見ている態度）
 Ⅳの段階　否定の段階（ズの接続した動詞、古い形式の残存）
  恩を＋知らない→恩知らず
  ならない＋者→ならず者

2.2　判断

　[判断]は[命題]についての話し手の主観的な関り方である。この部分を構成するのは、残りのオプション要素である。

  目撃   方言のヨル

尊敬　　　　レル〜ラレル
　　　丁寧　　　　マス
　　　主観否定　　方言のセン〜ヘン
　　　確認　　　　タ〜ダ

　［判断］の要素、トルとヨル、ンとセン、タなどについて、述べなければならないことがある。ある言語を他の言語の基準で見てはならないということである。

　方言研究の分野などでは、トルとヨルを一対にしてアスペクトを表現する形式として扱っている。しかし職能と意味で次のように異なっている。

　　　カイトル　　［［［書く＋トル］　　　］］
　　　カキョール　［［［書く＋　　　］ヨル］］
　　　カイトル　　［話し手が［主語が書いていること］を述べる］
　　　カキョール［話し手が［主語が書くこと］を目撃情報として述べる］

このように職能も意味も異なっていて、一対のものではない、従ってアスペクト的意味の対立というのは、他言語の枠組みに合わせたもので、日本語としては見せかけのものである。

　ンとセンについても同様である。

　　　カカン　　　［［［書く＋客観的否定］　　　　　］］
　　　カケセン　　［［［書く＋　　　　　］主観的否定］］
　　　カカン　　　［話し手が［主語が書かないこと］を客観的に述べる］
　　　カケセン　　［話し手が［主語が書くこと］を自分の判断で否定する］

標準語にはこの２種の否定を区別する形式がないが、西日本型方言の多くではこれを形で区別して表現している。標準語の論理で否定表現を見ていては、記述的に資料を見られない。

　タの接続した形式「タ形」は、「ル形」と対立するテンスを表すとされているが、タの意味は話し手の確認であり、職能は［判断］を構成するオプション要素である。タには、ルのように文を成立させる職能はないので、文成立形式φ（叙述）が接続する。ルと対立しているのは、φであって、タではない。日本語にはルとタで区別されるテンスという文法範疇はない。

　　　見る　　［［［mi-］ru］　　　［［［見る＋　　　］叙述］
　　　見た　　［［［mi-］ta-］φ］　［［［見る＋］確認＋］叙述］

2.3 態度と陳述

[態度]には必須要素の文成立形式が現れる。文成立形式によって、上述の叙述や推量など話し手が文を発する姿勢が表明されたときに、主文の動詞述語として成立する。連体修飾成分などの従属節では、話し手の態度は表明されていない。

　　浦島太郎が助けた＋亀　　　[[助け]た]　　　[[命題]判断]
　　浦島太郎が亀を助けた。　[[[助け]た]φ]　[[[命題]判断]態度]

この文成立の働きは、伝統的な用語で言えば「陳述」に相当する。ある形式が文としての資格を持つのは、文成立形式が持つ陳述という構文論的職能によってである。芳賀（1954）に倣って「陳述はどこにあるか」と言えば、本書の立場では、「動詞述語文の陳述は文成立形式にある」ということになる。学校文法用語で言えば、終止形と命令形の活用語尾、不変化助動詞「う」「よう」「まい」、禁止の「な」、推量の「だろう」が陳述という職能を持つ。その点では渡辺説や芳賀説に近い。ただし両氏とも終助詞にも陳述の力があるとしているし、南説のＣも終助詞のカやゾまでが含まれているようである。しかし筆者はそのように考えない。職能と意味とを区別すれば、終助詞には文成立の職能はない。前に引用した『言語学大辞典6 術語編』の終助詞の定義に、文を終るとか成立させるという文言がないことは、その点で妥当だと思う。陳述とは、文法的職能として、文を終止させる「させ方」である。従って繰り返しになるが、陳述は文成立形式だけにあり、それ以外の形式にはない。陳述は文成立形式によって表現されるので、陳述の意味も6種類である。動詞述語文では、この6種以外の意味で終止する文はない。

2.4 終助詞類の分類

そこで終助詞であるが、終助詞といわれてきたものは、その職能によって終助詞、文末助詞、間投助詞の3種に分けなければならない。そのうちの終助詞だけが[態度]を構成し、文成立形式に後続する。これらは疑問や強調など、話し手の表現する態度を分節的に表すオプション要素であるから、文成立形式だけで態度が表明できれば、現れなくてもよい。

文成立形式と終助詞によって構成された［態度］によって、文は 2 種類に分けられる。第一は、事実や心情を述べる文である。

　　　書く　　　　[[[kak-]　]u]　　　　　叙述
　　　書いた　　　[[[ka'i-]ta-]φ]　　　　叙述

第二は、命令や質問などとして、聞き手に向けることのできる内容の文である。これには終助詞も関る。

　　　書くか　　　[[[kak-　]　]u-ka]　　　叙述＋疑問
　　　書け　　　　[[[kak-　]　]e]　　　　　希求

聞き手に向けられる内容の文は、次に述べる［働きかけ］の職能によって聞き手に反応を要求する。

2.5　働きかけと文末助詞

　［働きかけ］は、希求や疑問の表現を聞き手に投げかけ、行為の実行や返事を要求するなどの反応を求めることである。これは意味ではなく、文末助詞という、そのための専用の形式が担当する文法的職能である。従って文末助詞が接続するのは、聞き手に向けて働きかけることのできる文だけである。聞き手に向けられる内容の文に文末助詞が接続すると、次のような命令や質問になる。

　　　希求＋働きかけ＝命令
　　　叙述＋疑問＋働きかけ＝質問

この［働きかけ］に似た概念は、芳賀説の《第二種の陳述＝伝達》や南説のＤなど、既に多く述べられている。しかし先行の諸説は、述語の構造だけではなく、文全体を扱っていて、その文の中には一語文も含まれているので、どうしても形式より意味や文脈を重視することになる。従ってそこでは、終助詞類の意味で右と左に分けるようなことになり、働きかける役割を持つ専用の形式について言及されていない。

　［働きかけ］は、対話の場面で特定の聞き手に向けたものであるから、人間関係に合った待遇を伴ってなされる。文末助詞の職能は［働きかけ］であるが、その意味は場面に合った丁寧さである。マスなどの丁寧語を持たない方言では、文末助詞が丁寧表現の形式となっている。標準語ではこの文末助詞がほとんど使われないので、丁寧表現にはマスが使われる。しかし

同じ丁寧表現といっても、文末助詞の丁寧表現と標準語のマスとは、職能も表す丁寧さの質も異なるものである。

3　デスと文成立形式

デスは動詞述語に現れないが、文成立形式としてのダローと関係があるので、補足としてデショーとともに触れておく。

3.1　ダローとデショー

第2章で述べたように、現代語のダローには2種類ある。体言などに接続するものと、動詞述語などの文末のダローである。それを整理すると次のようになる。

体言などに接続するダローは、断定のダ＋文成立形式であり、その職能は[命題]＋[態度]、意味は断定＋推量である。このダローと同じ位置にはダやダッタも現れる。

　　花ダロー　　　　[[[hana dar-]　]oo]
　　花ダ　　　　　　[[[hana da-]　]φ]
　　花ダッタ　　　　[[[hana daQ-]ta-]φ]

ところが動詞述語に接続するダローにはダやダッタとの交替がない。従ってこのダローは、上のダとは別種の形式であり、全体で1単位をなすものである。これは文成立形式であり、意味は推量である。

　　書くダロー　　　　[[[kaku-]　]daroo]
　　書いたダロー　　　[[[ka'i-]ta-]daroo]

以上は既に述べたことである。

これと同じことが丁寧な形であるデショーにも起こっている。デショーが体言に接続する場合、ダロー／ダ・ダッタの関係はデショー／デス・デシタであり、必要によって交替する。しかし動詞述語に接続する場合はデショーだけである。上の例のダローをデショーに置き換えると次のようになる。

　　書くデショー　　　[[[kaku-]　]desjoo]
　　書いたデショー　　[[[ka'i-]ta-]desjoo]

このように置き換えられるのは、デショーが、1単位の推量だけの文成

立形式として機能しているからである。そうでなければ、デショーが「ダロー＋丁寧」であるとするならば、動詞述語に接続した場合、同じ丁寧語であるマスと役割が重なることになる。

下のa①「書く」を丁寧にするとマスが接続してa②となる。同じ方法でb①を丁寧にすると、b②ではなく、c②のようなる。

　　a①　書く　　　　　　　[[[kak-]　　　]u　　]
　　　②　書きマス　　　　　[[[kaki-]mas-]u　　]
　　b①　書くダロー　　　　 [[[kaku-]　　]daroo]
　　　②×書きマスダロー　　 [[[kaki-]masu-]daroo]
　　c②　書くデショー　　　 [[[kaku-]　　]desjoo]

以上から、デショーは「マス（丁寧）＋推量」や「ダロー（推量）＋丁寧」という２個の意味の形式ではなく、推量を表す単独の形式であることが分かる。b①とc②の形式は、a①の形式の丁寧さが異なる２種類の推量表現である。そのダローとデショーは、推量という同じ意味で丁寧さの異なる文成立形式であるとしてよい。

3.2　形容詞とデス

現代の話しことばのデスは、「寒いです」などのように、形容詞にも接続するようになった。

井上（1998）はこの現象を「デスの進出」とし、用法の変化を表11-1のようにまとめている。デスの使用範囲は名詞から形容詞へ広がり、さらに将来は動詞にまで広がるというのである。

表11-1

	名詞	形容詞	動詞
古い言い方	スーツです	高うございます	行きます
新しい言い方	スーツです	高いです	行きます
将来の言い方？	スーツです	高いです	行くです

言語体系は、単純でしかも均整の取れたものに変化すると考えられるので、丁寧さの表現方法が将来この方向に変化していくことは十分予想される。変化していくこと、その方向がデスの拡大であることなど大筋は賛成

できる。しかし筆者は、この現象を、ゴザイマスからデス、マスからデスへ形式が交替するという単純な変化ではないと考えている。

第10章でマスについて述べたように、聞き手に対する丁寧さの表現は伝えられる情報とは独立のものであり、文の意味としては超分節的なスタイルとして現れる。標準語では丁寧さをデス・マスで表すことになっているが、デス・マスは述語を構成する分節的要素であるから、意味と形式の間が不一致になる。言語の体系はこのような矛盾を減らすような方向に変化するものである。デスの用法の変化をこの視点から見る。

デスの用法が「形容詞＋デス」まで拡大したのは、ゴザイマスが単純にデスに交替したのではなく、デスという形式の職能に変化があったからと思われる。ここでは非丁寧表現や丁寧表現の段階を考慮する必要がある。そうすると表11-2のＡＢには該当する表現がない。そのＡの空白に「高いです」という表現が出現したのである。Ｂに該当する形式は、「行くのでございます」かもしれないが、丁寧2の段階はあまり使わなくなったので、新しい形式ができるとは思わない。話し手や関係者が動作主の場合は「まいります」「いらっしゃいます」のような表現となるのであろう。

表11-2

	名詞	形容詞	動詞
普通	スーツだ	高い	行く
丁寧1	スーツです	Ａ（高いです）	行きます
丁寧2	スーツでございます	高うございます	Ｂ

Ａに「高いです」が出現したのは、名詞との均整ということもあったであろう。しかし一方で、分節的形式で文の丁寧さを表すという丁寧表現の不一致を是正しようとする動きがあったと思う。

ここでは確認のタを接続させて、それぞれの位置関係を見ると、次のようになる。

　　　高うございました　　［［［ござる］丁寧＋確認］φ　　］
　　　高かったです　　　　［［［高い　］　　　確認］丁寧］

［判断］の中では、丁寧語は確認のタより前に位置する。ゴザイマスの場合は原則どおりであるが、デスの場合はタより後になっている。分節的形式

が超分節的意味を表すという矛盾を解決するために、丁寧語をできるだけ文末に近い位置にしようとする意識が働き、デスは、タの後で、φの代わりに現れるようになったのである。その結果、形容詞述語を丁寧にするには、文成立形式としてデスを接続させることになった。

　　　高い　　　　　　　　[[[taka'i-　]　]φ]
　　　高かった　　　　　　[[[takakaQ-]ta-]φ]
　　　高いデス　　　　　　[[[taka'i-　]　]desu]
　　　高かったデス　　　　[[[takakaQ-]ta-]desu]

このように、デスの文成立形式化という変化があって、形容詞＋デスという構造ができたのであり、ゴザイマスとの単純な交替ではない。

　後続の形式との関係も、φの代わりにデスということで、丁寧な文成立形式となっている。

　　　高かったか　　　　　[[[形容詞]確認]φ　＋疑問]
　　　高かったデスか　　　[[[形容詞]確認]丁寧＋疑問]

　上のようなデスの文成立形式化は、形容詞述語の場合だけで、まだ動詞述語まで及んでいない。形容詞述語の丁寧表現ではゴザイマスという長い形式を使用しなければならなかったが、動詞述語の場合はマスだけでよいから、簡単にはデスに交替しないのであろう。しかし変化が動詞にまで及ぶとしたら、「高かった＋デス」に合わせて、「行った＋デス」が現れるであろう。その後でなければ、標準語に「行く＋デス」が出現するとは思えない。

あとがき

　研究対象として日本語を扱うようになり、各地の「行くカン」「行くカイ」などを「行きマスカ」と訳さなければならなかったとき以来、丁寧さを表す形式の位置が異なっていることを統一的に説明できる日本語文法が必要だと感じていた。標準語だけを見ていたらこのような問題は生じなかったかもしれない。本書では今まで持っていたこういう問題をある程度説明できたつもりである。

　本書の全体は2003年度後期に信州大学大学院人文科学研究科で講義したものである。このうち第5章、第6章、第8章、第9章、第10章は、既に発表したもの（文献目録参照）を基にしているが、全体が統一できるように、すべて書き直した。他の章は書き下したものである。

　終ってみれば反省点が多い。文成立形式の中にダローを含めたことやφを設定したことなど、まだ考察を重ねなければならないところがある。また全体を動詞述語として扱っているが、1単語になっている動詞の活用形から文成立形式までの部分を文法的な意味での動詞述語、終助詞や文末助詞の部分を場面でのコードに関する部分として分けて考えた方がよかったかもしれない。

　長野県の松本市に住むようになってから「行くダ」「行かネーダ」などという表現を聞く機会が多い。この信州のダと、最近全国的に使われている形容詞に後続するデスとを関係づけて、デスについてもう少し述べたかったが、まだ十分な結論を得ていない。今後の課題としておきたい。

　最後に、原稿の段階から貴重な助言をいただいた同僚山田健三氏と、不十分だった原稿を最速のスピードで出版に漕ぎ着けてくださった笠間書院関係者の皆様に謝意を表する。

2005年新春

丹　羽　一　彌

引用・参考文献

飯豊　毅一（1962）「意志・推量を表す『ベー』について㈠―福島県における―」（『国語・国文学試論』6・7　『日本列島方言叢書3 東北方言考』1994 ゆまに書房によった）

飯豊　毅一（1974）「敬語研究資料について」（『敬語講座10 敬語研究の方法』明治書院）

飯豊　毅一（1998）『日本方言研究の課題』（国書刊行会）

井上　史雄（1998）『日本語ウォッチング』（岩波書店）

榛垣　実（1962）「三重県方言」（『近畿方言の総合的研究』三省堂）

榛垣　実（1974）「方言敬語心得帳」（『敬語講座9 敬語用法辞典』明治書院）

江端　義夫（1978）「尾張知多半島の一小方言の敬語法」（『方言研究叢書8 方言敬語法』三弥井書店）

大久保忠利（1968）『日本文法陳述論』（明治書院）

大西拓一郎（1994）「鶴岡市大山方言の用言の活用」（『鶴岡方言の記述的研究』秀英出版）

金水　敏（1995）「いわゆる『進行態』について」（『築島裕博士古希記念国語学論集』汲古書院）

金田一春彦（1953）「不変化助動詞の本質上・下」（『国語国文』22-2、3）

工藤真由美（1983）「宇和島方言のアスペクト」（『国文学解釈と鑑賞』48-6）

工藤真由美（1992）「宇和島方言の2つの否定形式」（『国文学解釈と鑑賞』57-7）

工藤真由美（2000）「否定の表現」（『時・否定と取り立て』岩波書店）

阪倉　篤義（1957）「日本語の活用―動詞の活用を中心に―」（『講座現代国語学』Ⅱ、『日本の言語学4 文法Ⅱ』大修館書店 1978 によった）

佐久間　鼎（1952）『現代日本語の表現と語法』（厚生閣）

佐治　圭三（1957）「終助詞の機能」（『国語国文』26-7）

佐治　圭三（1989）「文法」（『日本語概説』桜楓社）
佐治　圭三（1991）『日本語の文法の研究』（ひつじ書房）
柴田　　武（1959）「鹿児島県掲宿郡頴娃町」（『日本方言の記述的研究』明治書院）
鈴木　重幸（1972）『日本文法・形態論』（むぎ書房）
鈴木　英夫（1976）「現代日本語における終助詞のはたらきとその相互承接について」（『国語と国文学』53-11）
鈴木　英夫（1988）「終助詞についての構文論的研究―問いかけと省略を中心にして―」（『国語と国文学』65-3）
仲しづ子・丹羽一彌（1978）「尾鷲方言の丁寧表現」（『東海学園国語国』13）
中尾亜有美（2000）「兵庫県加古川方言の『ヨル』『トル』について」（『ことばの研究』11 長野県ことばの会）
永田吉太郎（1935）「旧市域の音韻語法」（『東京方言集』国書刊行会 1976）
二階堂　整（2001）「大分県のアスペクト」（科研報告書『方言のアスペクト・テンス・ムード体系変化の総合的研究』代表工藤真由美）
仁田　義雄（1991）『日本語のモダリティと人称』（ひつじ書房）
丹羽　一彌（1977）「トル・ヨル考」（『東海学園国語国文』11）
丹羽　一彌（1982）「文法」（『新修稲沢市史　研究編六　社会生活　下』新修稲沢市史編纂会）
丹羽　一彌（2001）「述語の構造とアスペクト表現形式」（『人文科学論集〈文化コミュニケーション学科編〉』35 信州大学人文学部）
丹羽　一彌（2002）「否定形式ンとセンについて」（『人文科学論集＜文化コミュニケーション学科編＞』36 信州大学人文学部）
丹羽　一彌（2003a）「日本語『終助詞』の分類」（『人文科学論集〈文化コミュニケーション学科編〉』37 信州大学人文学部）
丹羽　一彌（2003b）「統辞論から見た日本語の丁寧表現」（『日本語論究』7　和泉書院）
ネウストプニー、J.V（1974）「世界の敬語―敬語は日本語だけのものではない―」（『敬語講座8 世界の敬語』明治書院）
野林　正路（1969）「熊本県深海方言　文法」（『九州方言の基礎的研究』改訂版　風間書房 1991）

芳賀　綏（1954）「"陳述"とは何もの？」（『国語国文』23-4）
橋本　進吉（1934）『国語法要説』（『日本の言語学3 文法Ⅰ』大修館書店 1978）
服部　四郎（1950）「付属語と付属形式」（『言語研究』15）
服部　四郎（1957）「ソスュールのlangueと言語過程説」（『言語研究』32）
林　四郎（1960）『基本文型の研究』（明治図書出版）
前田　勇（1955）「大阪方言における動詞打消法」（『東條操先生古希祝賀文集』近畿方言学会）
南　不二男（1962）「文法」（『方言学概説』武蔵野書院）
南　不二男（1964）「述語文の構造」（『国語学研究』18、『日本の言語学3 文法Ⅰ』大修館）
南　不二男（1974）『現代日本語の構造』（大修館書店）
南　不二男（1993）『現代日本語文法の輪郭』（大修館書店）
峰岸　真琴（2000）「類型論から見た文法理論」（『言語研究』117）
山本　俊治（1981）「『ン』・『ヘン』をめぐって　―大阪方言における否定法―」（藤原与一先生古希記念論集『方言学論叢Ⅰ』三省堂）
渡辺　実（1953）「叙述と陳述―述語分節の構造―」（『国語学』13/14）
渡辺　実（1971）『国語構文論』（塙書房）
渡辺　実（1974）『国語文法論』（笠間書院）
Bloch, B.（1946）　林栄一訳（1975）『ブロック日本語考』（研究社）によった

工藤真由美他（2000）『方言のアスペクト・テンス・ムード体系変化の総合的研究』平成11年度（文部省科学研究費基礎研究(B)研究成果報告書）
工藤真由美他（2001）『方言のアスペクト・テンス・ムード体系変化の総合的研究』平成11年度～平成12年度（同上）
国立国語研究所（1979）『方言談話資料(2)―奈良・高知・長崎―』
国立国語研究所（1982）『方言談話資料(6)―鳥取・愛媛・宮崎・沖縄―』
方言研究ゼミナール（1994）『方言資料叢刊4　方言アスペクトの研究』

要　語　索　引　[付、使用方言地名]

【ア行】

アスペクト接辞　50-51, 53, 81-83, 88-90, 113
アスペクト(の)体系　82, 87, 99-100
アスペクト的意味　82-83, 85, 87-88, 91, 98, 184
あり方(Ⅱ)の段階　44, 47, 49-53, 58, 75, 78-79, 87, 183
異形態の数　63, 66-67, 69
意志　30, 32, 34, 37-39, 73, 75, 79-80, 92-94, 128, 133, 159, 180-181
1形式1意味　7, 21, 65, 128
印欧語の文法範疇　13-14, 16, 19, 23, 31, 85, 165
ヴォイス　14, 16, 18-19, 23, 40
打消形　78-79, 108
埋め込み部分　88-91, 98
オプション要素　9, 19-21, 26, 29, 31, 75-78, 80, 84, 88, 119, 125-126, 129, 132-133, 135, 147, 149, 153, 164, 170, 172, 174, 177, 179, 181-185
音便形　71, 73-74, 78-79, 88, 98, 125, 128, 180

【カ行】

回想のヨッタ　91, 97-98
格成分　12, 45, 47-48, 50, 52
活用形の構造　59, 77
活用形の職能　72
活用の型　61-63, 71
活用の種類　61-63, 68, 70
可能動詞　7, 64-66, 90, 123-124
間投助詞　136, 142-146, 148-149, 151-152, 154-156, 160, 163, 165-167, 169, 185
勧誘　31-32, 34, 39, 75, 79-80, 92-94, 140, 144-145, 148, 150, 154 157, 159-160, 165, 168, 171, 173

聞き手に向けた丁寧さ　162-163, 173-177
希求　29, 76, 180, 186
疑問詞　137-138, 150, 153, 155-156, 159
客観(的)否定　55-58, 102-103, 105-106, 118, 124, 181, 183-184
客観的部分　34, 41, 105
禁止　30-34, 38-39, 73, 75, 79-80, 92-94, 128, 132-136, 143, 180-181, 185
形態素の原則　7, 60, 128
形態素の条件　6, 60
語彙的手段　13, 22, 24, 121, 163
膠着語　13, 20, 65, 77, 160, 178
コード　162, 169-170, 174, 177
語幹形　30, 32-34, 73, 78-79, 88, 90, 98, 125, 127, 133, 172, 180-181
語幹の異形態　64
こと(Ⅰ)の段階　44, 46-47, 49, 58, 75, 78, 183

【サ行】

最小の形式　6, 12, 31, 181, 192
サ変の一段化　68-70
子音式分割　61-69
使役の派生接辞　47, 66-67, 69, 74, 77, 79
使役の派生動詞　8, 19, 48-49, 53, 58, 66, 89
志向形　71, 73, 75-79
実現状態の継続　50, 82-83, 92, 95, 101, 116
自由形式　8, 34, 36-37, 132, 135, 140
終止形(の)語尾　7, 64-65, 69-70, 72, 127, 129
終止形と連体形の相違　27, 32-33, 72
終助詞　8, 11, 26, 34-36, 38, 131-136, 138-139, 142-144, 146-150, 154-155, 157-160, 163, 166, 173, 182, 185-186
終助詞カ　12, 143, 147, 150-153, 155-156,

195

159, 168, 182, 185
終助詞ゾ　12, 103, 152, 155-157, 182, 185
終助詞ヨ　10, 143, 155, 157-158, 160, 173
終助詞の定義　134, 185
終助詞類　131, 139, 142-143, 146-147, 163, 185-186
主観(的)否定　55-57, 102-103, 105-107, 111-112, 117, 184
主観的部分　34, 41, 105
述語構造の枠組み　11, 87, 115, 158
述語の構成要素　179
受動の派生動詞　48-49, 53, 58, 66
照応　141, 163, 165-167, 169-170
承接　136-137, 143, 154
情報の伝え方　11, 162, 169
情報の中身　11, 130-131, 133, 147-148, 151, 154, 162, 169, 172, 174, 176
叙述(の)文　32, 104, 107, 129, 147
叙述のu～ru　13, 20, 29-30, 32-33, 37, 64-65, 73, 75, 79, 127-129, 133, 180-181, 184, 186
叙述のφ　35, 37, 75, 79, 128-130, 133, 158, 180, 184-187, 189-190
資料の範囲　21-22, 26
スタイル　125, 165-166, 169, 174, 189
接続法　16, 40
折衷式分割　62-63, 69-70
センの意味　103-104, 107, 114, 116,
センの職能　103, 114-115
尊敬語　24-25, 119, 122, 130, 172
尊敬表現　79, 121-123, 152

【タ行】

［態度］　10-13, 29-30, 32-36, 64, 78-79, 127, 129-131, 133, 144-150, 158, 173, 185-187
［態度］を構成する形式(要素)　32, 34, 79, 123, 131, 158
代用の表現　22-25
タ(確認)　119, 125-130, 150, 171, 180, 182, 184, 189-190

タ形　125-129, 184
中止法　72, 108, 129
超分節的　125, 167, 169-170, 173-174, 177, 189-190
直説法　16, 39
陳述　10, 27-28, 33, 38-40, 72, 127-128, 135-136, 144-146, 179, 185
丁寧語　119, 130, 153, 163, 168, 170, 172, 174-178, 186, 188, 190
丁寧さの種類　170
丁寧さの段階　139, 163-169, 174, 176-177, 189
丁寧表現　125, 154, 162-163, 167-172, 174-178, 186-187, 189-190
展叙　28, 33, 38, 72, 127
テンス　14, 16, 119, 125-127, 129, 184
統合的　18, 20, 84
統叙　27-28, 41-42, 72, 158
動詞の構造　8-9, 44, 60, 77
とらえ方(Ⅲ)の段階　44, 50-51, 58, 79, 87, 183
トルとヨルの共起　83-88, 91, 99-100, 116, 121
トルとヨルの相違　67-88, 91-92, 95, 99-100, 118
トルの意味　82-83, 93, 95, 97, 99
トルの職能　82, 88, 98-99, 101

【ナ行】

内容を構成する丁寧さ　163, 170, 172

【ハ行】

派生動詞(の)連用形　47-48, 50-51
［働きかけ］　10-12, 25, 144-152, 154-161, 163-165, 167-176, 179, 182, 186
［働きかけ］の形式　12, 150, 156, 169, 174, 176
［働きかけ］の(という)職能　10, 145-149, 154, 156-157, 159-160, 163, 168-169, 186
［判断］　10, 33, 36, 57-58, 78-79, 81-82,

196

92, 99-103, 114-115, 117-125, 127, 129-131, 171-173, 183-184, 190
[判断]の形式(要素)　57-58, 79, 82, 92, 99, 101, 119-123, 125, 127, 129, 171-173, 184
判断保留　12, 147
範列的　15-16, 18-19, 84
非過去　125-128
必須要素　9-10, 20-21, 26-27, 29, 31, 33, 38, 78, 92, 132, 179-182, 185
否定意志　30, 34, 37-39, 73, 75, 128, 133, 180-181
否定推量　30, 37, 39, 92
否定の形式　44, 57, 104, 115-116, 118
否定(Ⅳ)の段階　44, 51, 53, 58, 103, 114, 183
複合語の後部分　43, 45-46, 48-53, 58
複合語の前部分　43, 46, 49-52, 54, 58, 82
付属形式　8, 30, 32-34, 37, 132, 135, 181-182
付属語　8, 33-34, 132-133, 135, 140, 144, 182
不変化助動詞　28, 34, 152, 185
文成分としての活用形　75
文成分の部分　72, 78
文成立形式　27, 31-40, 72, 75-76, 79, 92-94, 98, 127-135, 142, 144, 146-147, 158, 168, 172, 179-182, 184-188, 190
分節的(な)意味　125, 136, 144, 149, 153, 166, 172-174, 180
文の終り方　9-10, 29, 38-40, 76, 128, 144
分布　126, 138, 143-144, 155
文法的手段　13, 21, 121
文法(的)単位　5, 7, 21, 131, 165-166, 168-169
文法範疇　5, 13-19, 21, 23, 31, 85, 98, 101, 120, 126, 129, 165, 184
文末助詞　135, 142-157, 159-160, 162-179, 182, 185-187
文末助詞の職能　147, 154, 157, 159, 164, 168-169, 186

文末助詞による丁寧表現　159, 162-164, 167-169, 171, 173-176, 178, 187
文を終らせる(終止させる)形式　8, 33, 142
文を終らせる(終止させる)職能　27, 29-30, 33
文を成立させる形式　28, 30-31, 64, 78, 128
文を成立させる職能　29, 30-31, 184
母音式分割　61-70, 78

【マ行】
ムード　16, 39-40, 102
名詞化　41-46, 48-51, 53-55, 57-58, 81-82, 88, 92, 98, 111, 118, 120 - 123, 126, 179, 182-183
[命題]　10, 12, 27, 29, 35-36, 41-44, 51, 53-54, 57-59, 75-76, 78, 81-82, 87-88, 90, 92, 94, 96-104, 109, 114-127, 130-131, 168, 179, 182-183, 185, 187
[命題]と[判断]の境界　81, 101, 118, 121
[命題]の構造　44, 118
[命題]の範囲　27, 41, 43-44, 58, 81, 182-183
[命題]の分類　44, 75, 183
[[[命題]判断]態度]　9-11, 25, 29, 32, 99, 114, 130-131, 144-145, 148, 168, 171, 182, 185
[命題]を構成する形式　35-36, 51, 53-54, 57, 82, 88, 92, 99, 101, 103, 115, 118-124, 126
命令(の)表現　112, 142, 150, 154, 159, 164
命令法　29, 40
目撃・経験　95-99, 101, 117
目撃情報　54, 81, 96-97, 116, 120, 184
モダリティ　10, 13, 133, 146

【ヤ行】
ヨルと現場　96-98, 101, 117
ヨルの意味　82-83, 88, 94-95, 97-99, 117
ヨルの職能　82, 88, 98-99, 101

要護索引　197

【ラ行】
ル形　125-129, 184
連体形語尾　32-33, 72, 127

【ン】
ンの意味　103-104, 107, 114, 116
ンの職能　103, 114-115

使用方言地名

愛知県稲沢市　68, 149, 151, 153, 156, 166, 174
愛知県犬山市　67-68, 82, 86-87
愛知県江南市　82
愛知県西部　68, 75, 122-123, 149
愛知県瀬戸市　68, 78
愛知県知多市　151-152, 174-175
愛知県豊橋市　10, 75, 152
愛媛県宇和島市　97, 100, 104
大分市　98
大阪　103, 111
岡山県新見市　86
岡山市　67
鹿児島県頴娃町　70
岐阜・愛知　50, 82, 85, 98, 103
岐阜県土岐市　67, 82, 85, 92, 96
近畿中央部　97, 103, 108
熊野灘沿岸　24, 151, 163-164, 175-176
熊本県牛深市　153
東京　153, 156-157, 159, 175-176
鳥取県　86
長崎県　86
長崎県口之津　77
名古屋市周辺　86
兵庫県加古川市　97
福島県郡山市　152
福島県天栄村　152
福島県保原町　152
三重県尾鷲市　139, 142, 146-149, 151, 156, 162, 165, 167, 168, 170, 172, 174, 176
三重県紀勢町　167, 174
三重県志摩町　24, 151
宮崎県　86

丹羽　一彌（にわ　かずや）
　＊出生　1939 年　愛知県
　＊現在　信州大学教授
　＊編著書
　　『日本語尾音索引』（現代語篇 1978、古語篇 1979 笠間書院　共編）
　　『三重県のことば』（明治書院 2000　編著）
　　その他

日本語動詞述語の構造

2005 年 3 月 10 日　初版第 1 刷発行

　　　　　　　　　　　　　　　　　著　者　丹羽一彌

　　　　　　　　　　　　　　　　装　幀　右澤康之
　　　　　　　　　　　　　　　　発行者　池田つや子
　　　　　　　　　　　　　　　　発行所　有限会社 **笠間書院**
　　　　　　　　　　　　東京都千代田区猿楽町 2-2-5 [〒101-0064]
NDC分類：801.5　　　　電話 03-3295-1331　Fax 03-3294-0996

ISBN4-305-70289-4　ⓒNIWA 2005　　　　　印刷：モリモト印刷
乱丁・落丁本はお取り替えいたします。　　　製本：笠間製本
出版目録は上記住所または下記まで。　　　（本文用紙・中性紙使用）
http://www.kasamashoin.co.jp

…笠間書院…

日本語はなぜ変化するか
母語としての日本語の歴史

小松英雄　　　　　　　　　4-305-70184-7　四六判　2400円

日本人は日本語をどれほど巧みに使いこなしてきたか。人間は言語をどれほど巧みに使いこなしているか。ダイナミックに運用されてきた日本語を根源から説きおこし日本語の進化の歴史を明らかにした。

日本語の歴史　青信号はなぜ　アオなのか

小松英雄　　　　　　　　　4-305-70234-7　四六判　1900円

身近な疑問を着実に育てることによって日本語の歴史を解明。「アオ」は例えば、若い未成熟の状態や、はっきりしない顔色など、本来「ぼんやりした色調」を指し、色の「ブルー」とは異なる等、数々の新見を平明に提示した、日本語史研究の新しい波《ヌーベル・バーグ》。

古典和歌解読
和歌表現はどのように深化したか

小松英雄　　　　　　　　　4-305-70220-7　A5判　1500円

日本語史研究の立場から、古今集を中心に、和歌表現を的確に解析する有効なメソッドを提示。実践的な方法は、書記テクストを資料とする日本語研究のガイドラインにもなり、日本語史研究のおもしろさを伝える。

〈あぶない ai〉が〈あぶねえ eː〉にかわる時
日本語の変化の過程と定着

福島直恭　　　　　　　　　4-305-70246-0　A5判　1800円

情報伝達上の効率を向上させるためだけにすべての言語は変化しているのではない。「江戸語における連接母音 ai の長母音化を通して」言語変化の実現の仕方と過程を解析。全く新しい立場から言語変化を捉える。

文の理解と意味の創造

天野みどり　　　　　　　　4-305-70247-9　A5判　2200円

文法上は誤用とされる文でも人は理解できている――正誤のゆれはなぜ生じるのか。「文意に対する見込みが先に存在→それに見合うよう文を構成する個々の要素に意味を与える」という文解釈の過程から明らかに。